인류의 희망을 밝힌 교육의 아버지
페스탈로치

본문 그림 이주록
이주록 선생님은 경희대학교에서 동양화를 전공했으며, 어린이 책 전문 일러스트레이터로
활동하고 있습니다. 그린 책으로는 《베틀과 도라지꽃》, 《병아리를 채 간 고양이》,
《날개 달린 휠체어》 등이 있습니다.

부록 그림 김부일
김부일 선생님은 《한국일보》에서 일러스트, 인포메이션 그래픽 업무를 했으며
'뉴시스' 멀티미디어 팀 부장, 《데일리줌》 만화 팀장 등을 역임했습니다.
현재 (주)김부일커뮤니케이션을 설립하여 다양한 기획 및 일러스트를 진행하고 있습니다.

표지 그림 청설모
청설모 선생님은 중앙대학교에서 한국화를 전공했으며
《스포츠서울》, '다음 미디어', 《씨네21》 등 다양한 대중 매체에 만화를 연재해 왔습니다.
이 밖에 'SK 텔레콤' 등에 플래시 애니메이션을 제작해 제공하기도 했습니다.

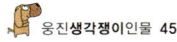
웅진생각쟁이인물 45

페스탈로치

초판 1쇄 발행 2008년 8월 25일
초판 5쇄 발행 2010년 6월 24일

지 은 이 신혜은
발 행 인 최봉수
총편집인 이수미
편 집 인 이화정
편집주간 신지원
편집진행 그림자리_구준회 강명옥 김혜영 한보미
디 자 인 dnb_이영수 박소연 김윤정 www.idnb.co.kr
사진제공 포인스 연합포토 유로포토
마 케 팅 박성인 신용천 최재근 양근모 이승아
제   작 최서윤

임프린트 웅진주니어
주   소 서울시 종로구 동숭동 199-16 웅진빌딩
주문전화 02-3670-1570,1571   팩스 02-747-1239
문의전화 02-3670-1192(편집) 02-3670-1024(영업)

발 행 처 (주)웅진씽크빅
출판신고 1980년 3월 29일 제406-2007-00046호

ⓒ 신혜은 2008 (저작권자와 맺은 특약에 따라 검인을 생략합니다)
ISBN 978-89-01-08526-5
ISBN 978-89-01-07192-3(세트)

씽크하우스는 (주)웅진씽크빅 단행본개발본부의 브랜드입니다.
이 책은 저작권법에 따라 보호받는 저작물이므로 무단 전재와 무단 복제를 금지하며,
이 책 내용의 전부 또는 일부를 이용하려면 반드시 저작권자와 (주)웅진씽크빅의 서면동의를 받아야 합니다.

· 잘못된 책은 바꾸어 드립니다.
· 책값은 뒤표지에 있습니다.

웅진생각쟁이인물 45

인류의 희망을 밝힌 교육의 아버지
페스탈로치

신혜은 지음

머리말

여러분의 두 팔로
온 세상을 품에 안으세요

　이 책은 200년 전에 스위스 취리히에서 태어난 한 어른에 대한 이야기입니다. 그 어른은 어린이를 누구보다도 사랑했습니다. 어린이들이 지닌 잠재력을 믿고 평생을 바쳐 가르치고, 순수한 마음을 지녔던 아름다운 사람이지요.
　특히 가난한 사람들이나 부모 잃은 어린이들을 돌보는 데 온갖 노력을 기울였던 사람입니다.
　그래서 사람들은 그 어른을 '사랑을 실천한 진정한 교육자'라고 부르기도 하고, '고아의 아버지'라고 부르기도 하지요.
　그 어른은 굳게 믿고 있었어요. 어린이들이 자신들의 삶을 스스로 만들어 나갈 수 있는 잠재력을 지니고 있는 존재라는 것을요.
　능동적이고 적극적인 어린이, 잠재력을 지닌 소중한 씨앗과도 같은 어린이, 자연과 우주만물과 함께 조화를 이룰 때 가장 행복하고 자유로운 어린이……. 여러분은 스스로를 어떤 사람이라고 생각하나요?

여러분이 이 책을 읽으면서, 이 세상을 아름답고 새롭게 만들어 가고 싶다는 마음이 들기를 바랍니다.

또한 이 책의 주인공처럼 넓고 깊은 마음으로 언젠가는 두 팔을 벌려, 온 세상을 품에 안는 아름다운 어른으로 자라나게 될 거라고 믿습니다.

여러분은 무엇이든 할 수 있고, 또 바라는 대로 될 수 있는 그런 잠재력을 지닌 소중한 존재이니까요.

신혜은

차례

머리말 ... 4

아이들을 마음속에 품다 ... 8
생각쟁이 열린마당 동상의 모습에 담긴 의미 ... 16

엉뚱하지만 용감한 아이 ... 20
생각쟁이 열린마당 18세기 학교는 어떤 모습이었을까? ... 29

가난한 사람들을 위해 살기로 결심하다 ... 32
생각쟁이 열린마당 산업 혁명과 아동의 노동 ... 40

정의를 위해 나서다 ... 44
생각쟁이 열린마당 페스탈로치 교육 사상의 뿌리, 《에밀》 ... 52

영혼으로 맺어진 인연 ... 54
생각쟁이 열린마당 자연으로 돌아가는 삶 ... 63

새로운 희망의 마을을 일구다 ... 66

생각쟁이 열린마당 일하면서 배우고, 배우면서 일하는 교육 ... 74

자신의 삶과 경험을 책 속에 담다 ... 76

생각쟁이 열린마당 도움이 필요한 사람들에 대한 우리의 관심 ... 86

고아들의 아버지로 거듭나다 ... 88

생각쟁이 열린마당 프랑스 혁명이 남긴 것들 ... 98

회초리 없는 즐거운 학교 ... 100

생각쟁이 열린마당 페스탈로치가 꿈꾼 이상적인 교육 ... 113

아이들을 향한 끝없는 사랑 ... 116

생각쟁이 열린마당 한국의 페스탈로치로 살았던 사람들 ... 127

페스탈로치의 발자취 ... 130

아이들을 마음속에 품다

동상으로 남은 아저씨

스위스 취리히 반 호프 거리의 어느 공원, 한 아이가 동상 앞에 멈추어 섰습니다.

그 동상은 한 남자와 어린아이가 사랑이 넘치는 얼굴로 서로를 바라보는 다정한 모습이었습니다. 아이는 동상을 가리키며 아버지에게 물었습니다.

"아빠, 저 아저씨는 누구예요?"

아이의 아버지는 동상을 지그시 바라보며 말했습니다.

"응, 두 팔을 뻗어 세상을 안아 주신 분이란다."

"네?"

아이는 고개를 갸웃거렸습니다.
"하지만 스스로를 위해서는 아무 것도 하지 않은 분이지."
"도대체 무슨 말인지 모르겠어요."
아이는 자기 또래로 보이는 아이 동상을 또 가리켰습니다.
"옆에 있는 아이는 누구예요? 저 아저씨 아들이에요?"
"아들이 아니라 아마 가르치던 어린 학생일 거다."
"그럼 선생님이셨어요?"
"그래, 학교를 세우고 평생 아이들을 위해 산 분이란다. 요한 하인리히 페스탈로치라는 분이지."

페스탈로치의 동상 스위스 취리히 페스탈로치 공원 안에 있다.

"요한 하인리히 페스탈로치, 요한 하인리히 페스탈로치!"
아이는 동상에 새겨진 이름을 또박또박 따라 읽더니 고개를 들어 다시 한 번 위를 올려다보며 페스탈로치의 모습을 찬찬히 살펴보았습니다. 아이를 내려다보는 페스탈로치의 눈빛은 사랑스런 아들을 바라보는 듯 부드럽고 따뜻했습니다.

아이들을 마음속에 품다

아버지, 나의 아버지

요한 하인리히 페스탈로치는 1746년 1월 12일 스위스 취리히의 평범한 가정에서 태어났습니다. 페스탈로치의 아버지는 주위에서 존경받는 의사였고, 어머니는 풍족한 가정에서 자란 따뜻하고 다정한 분이었습니다.

아버지는 식사를 하다가도 환자가 오면 뛰어나가는 그런 의사였습니다.

"식사를 마저 하고 나가셔야지요."

아내가 불러 세우면 허둥지둥 하얀 가운을 걸쳐 입으며 대답했습니다.

"밥이야 나중에 먹으면 되지 않소. 어떻게 아픈 사람들을 기다리게 한단 말이오?"

아버지는 이처럼 자신의 손길이 필요한 사람들이라면 누구든지 정성스럽게 보살펴 주었습니다. 또 가난한 환자들에게는 돈을 받지 않고 치료를 해 주었습니다. 그래서 병원은 언제나 가난한 환자들로 가득했습니다.

하지만 집안 살림살이는 넉넉하지 못했습니다. 그러나 페스탈로치 가족은 행복했습니다.

페스탈로치에게는 한 살 위의 형과 네 살 아래의 여동생이 있었

페스탈로치가 태어난 스위스 취리히 레만 호에서 흘러나온 리마트 강이 취리히 시내를 흐른다.

습니다. 아버지는 짬이 날 때마다 어린 페스탈로치를 무릎에 앉히고 책을 읽어 주거나 재미있는 이야기를 들려주었습니다.

"오늘은 어떤 이야기를 해 줄까?"

"아주 재미있는 이야기요!"

"재미있는 이야기? 그래그래, 허허허."

아버지는 이처럼 마음 넓고 유쾌한 분이었습니다. 어린 페스탈로치는 이런 아버지를 무척 좋아했습니다.

페스탈로치는 곧잘 아버지의 방에 들어가 책을 가지고 놀았습니다. 읽는 것이 아니라 장난감처럼 가지고 놀았습니다. 그래도 아버지는 야단치는 법이 없었습니다.
　이러한 가정 환경 속에서 자란 페스탈로치는 훗날 가정의 단란함이야말로 행복한 세상을 만드는 기본이라고 강조하며 다음과 같은 말을 남겼습니다.

　단란한 가정은
　세상에서 가장 빛나는 기쁨이며,
　자녀들을 돌보는 일은
　사람이 누릴 수 있는
　가장 성스러운 즐거움이다.

마음을 고치는 사람이 되어라

　페스탈로치가 다섯 살 되던 해, 페스탈로치의 가족은 큰 어려움을 겪게 되었습니다. 아버지가 갑자기 병이 나서 그만 자리에 눕게 된 것이었습니다.
　어머니는 병든 아버지를 간호하면서 세 아이들을 돌보느라 지쳐 쓰러질 지경이었습니다.
　얼마 뒤, 어머니를 걱정한 외삼촌이 바벨리라는 하녀를 데려왔습

니다.

"좀 쉬어야지. 그러다가는 너마저 쓰러지겠다."

외삼촌은 어머니가 쉴 수 있도록 배려를 해 주었습니다. 착하고 성실한 바벨리는 하녀라기보다는 페스탈로치 가족을 도와주러 하늘에서 내려온 천사 같았습니다.

바벨리가 집안 살림을 맡아 식구들을 꼼꼼히 살피는 덕분에 어머니는 아버지의 간호에만 매달릴 수 있었습니다.

하지만 어머니의 극진한° 간호도 아무 소용이 없었습니다. 아버지의 병세는 시간이 지날수록 점점 더 심해져 갔습니다.

> 극진함 마음과 힘을 다하여 애를 쓰는 것이 매우 지극함을 이름.

어느 날, 자신의 병 때문에 고생하는 아내를 걱정하던 아버지가 바벨리를 불러 조용히 말했습니다.

"바벨리, 제발 마님 곁을 떠나지 말아 다오. 그러면 내가 편한 마음으로 눈을 감을 수 있을 것 같구나. 부탁한다."

"알겠어요, 주인님의 마음은 제가 잘 알고 있어요. 그러니 아무 걱정 마시고 얼른 일어나세요."

아버지의 눈에서는 뜨거운 눈물이 주르르 흘렀습니다.

"고맙다, 바벨리."

바벨리는 죽을 때까지 아버지와 한 약속을 지켰습니다. 무려 41년 동안이나 아무런 보수*를 받지 않고 페스탈로치 가족을 위해 몸을 아끼지 않고 일을 했습니다. 어린 페스탈로치는 바벨리의 이러한 헌신*을 가슴속에 깊이 새겼습니다.

보수 고맙게 해 준 데 대하여 보답을 함. 또는 일한 대가로 주는 돈이나 물품.
헌신 어떤 일에 몸과 마음을 바쳐 있는 힘을 다함.

얼마 뒤, 아버지는 자신의 죽음을 느끼고 페스탈로치를 불렀습니다. 그리고 매우 진지한 목소리로 말했습니다.

"나는 몸의 병을 고치는 사람이었지만, 너는 마음의 병을 고치는 사람이 되어라."

"마음의 병을 고치는 사람이라고요?"

아버지가 남긴 이 말은 평생 요한 하인리히 페스탈로치의 마음속에서 떠나지 않았습니다.

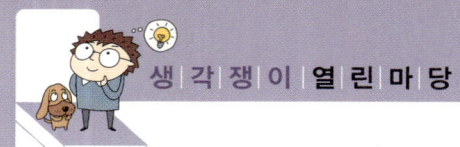

동상의 모습에 담긴 의미

역사적 인물을 동상으로 만드는 목적은 그 인물의 삶과 생각, 공적을 후세 사람들에게 기리고 또 배우게 하기 위함이다.

세계 곳곳에는 많은 역사적 인물의 동상이 있다. 각각 다른 모습을 하고 있는 동상은 그 인물이 어떤 삶을 살았는지, 세상을 어떤 눈으로 바라보았는지, 무엇을 가장 중요하고 소중하게 생각했는지를 잘 말해 준다.

알렉산드로스 대왕의 동상

세종 대왕의 동상

두 아이와 함께 있는 페스탈로치의 동상 　　　　소파 방정환의 동상

　세계를 정복한 알렉산드로스 대왕은 말을 타고 있고, 세종 대왕은 한 손에 책을 펴 들고 있다.
　하지만 동상으로 만들어졌다고 해서 꼭 훌륭한 사람은 아니다. 오랫동안 꼿꼿하게 서 있던 옛 소련의 지도자 스탈린의 동상은 공산주의가 무너지면서 함께 사라지고 말았다. 정당하지 않게, 많은 사람들의 마음을 얻지 못한 채 세워진 동상은 언젠가는 부숴질 수 있다. 진실이 밝혀지면 말이다. 동상은 누가 더 훌륭한지 아닌지를 말해 주는 것은 아니다. 다만 그 사람이 어떤 삶을 살았는지를 우리에게 말해 줄 뿐이다.
　페스탈로치 공원에 있는 동상 말고 이베르돈에 있는 다른 동상 역시 페

스탈로치는 두 아이와 함께 있다. 그리고 우리나라 소파 방정환의 동상도 마찬가지로 아이와 함께이다.

  만약 여러분의 동상이 세워진다면, 여러분은 어떤 모습의 동상으로 만들어지길 원하는가? 여러분이 원하는 동상의 모습이 있다면, 그 모습이 나타내는 삶의 의미를 실제로 이루기 위해 늘 노력해야 할 것이다.

엉뚱하지만
용감한 아이

가난한 가족

아버지가 돌아가시자 수입이 없어진 페스탈로치 가족은 형편이 어려워졌습니다. 그래서 곧 집세가 싼 집으로 이사를 갈 수밖에 없었습니다.

어머니와 바벨리는 그나마 남아 있는 돈을 아끼고 아껴서 살림을 꾸려 나가야 했습니다. 바벨리는 하루에도 서너 번이나 시장으로 달려갔습니다. 팔리지 않은 채소를 싼 값에 팔 때 얼른 사 오려고 말이지요.

"마님, 이 양배추와 당근 좀 보세요. 이 정도면 아주 멀쩡해요. 오늘 저녁에는 맛있는 수프를 끓여야겠어요."

"네가 고생이 많구나, 바벨리."

"고생이라니요, 마님. 제가 힘이 되어 드릴 수 있어서 얼마나 기쁜지 몰라요."

"월급도 주지 못하는데 이렇게 우리를 돌봐 주다니, 너는 이제 우리 가족이나 다름없구나."

"별말씀을요……. 참, 요한 도련님이 자꾸 밖에 나가서 옷을 더럽혀 오시는데 어쩌지요? 이제 새 옷도 한 벌밖에 없는데……."

"그러면 그 옷은 나중에 학교에 입학하면 입으라고 해야겠구나. 그리고 밖에서 놀지 못하도록 하는 게 좋을 것 같다."

"예, 마님."

어머니와 바벨리는 가난했지만 아이들을 잘 보살피려고 정성을 다했습니다. 어린 페스탈로치도 그걸 잘 알고 있었지요.

하지만 페스탈로치는 잠시도 가만히 앉아 있지 못하는 아이였습니다. 눈에 보이는 것은 뭐든지 만져 보고 가지고 놀려고 했습니다. 게다가 너무도 열중한 나머지 손에 잡히는 것은 뭐든지 망가뜨리기 일쑤였습니다.

어머니는 보다못해 페스탈로치를 불러 조용히 타일렀습니다.

"요한, 좀 얌전히 있을 수는 없겠니? 그 손 좀 가만히 두려무나."

"예, 어머니."

하지만 어머니가 타일러도 그때뿐이었지요. 페스탈로치는 금방 다시 원래의 모습으로 돌아갔습니다.

바벨리는 페스탈로치에게 접시를 말리거나 오븐에 불을 켜는 일조차 하지 못하게 말렸습니다. 도대체 무슨 일을 벌일지 알 수가 없었으니까요.

"도련님, 이건 절대로 만지지 마세요. 아셨지요? 집안 형편도 어려운데 그나마 있는 살림살이가 망가지기라도 하면 안 되니까요."

하는 수 없이 페스탈로치는 우리 안에 갇힌 양처럼 집 안에서 지내야 했습니다. 덕분에 온갖 상상의 나래를 펼치는 아이가 되었지요. 상상 속에서는 뭐든지 가지고 놀고 경험해 볼 수 있었으니까요.

위험한 교실

페스탈로치는 초등학교에 들어가면서 마침내 자유로워졌습니다. 집 밖에 있는 동안에는 무엇이든 자기 마음대로 할 수 있게 되었으니까요. 물론 수업 시간 동안은 꼼짝없이 얌전히 앉아 있어야 했지만 책이나 필기도구를 마음껏 사용할 수 있어서 좋았습니다. 그리고 쉬는 시간이면 어김없이 운동장으로 나가서 친구들과 함께 뛰어놀았습니다.

"요한, 수업 종이 울렸어. 빨리 들어가야지."

"쉬는 시간은 왜 이렇게 짧은 거지?"

아침에 학교로 가는 길이나 집으로 돌아오는 길에도 페스탈로치는 친구들과 장난치기를 좋아했습니다. 그런 탓에 몸에는 날마다 새로운 상처가 생겼습니다.

바벨리는 페스탈로치의 상처를 보고 놀라 물었습니다.

"아니, 도련님! 오늘은 또 무슨 장난을 쳐서 팔에 퍼런 멍이 드셨어요?"

페스탈로치는 아무렇지도 않다는 듯이 씩 웃으며 말했습니다.

"어? 언제 멍이 들었지? 괜찮아, 바벨리."

"어유, 마님 보시면 또 혼나겠어요. 어서 약 바르세요."

그렇지만 친구들은 페스탈로치를 좋아했습니다. 함께 있으면 즐겁고 언제나 다른 친구들을 도와주는 아이였거든요. 가끔은 엉뚱한 짓을 해서 친구들한테 놀림거리가 되기도 했습니다. 어떤 친구는 페스탈로치에게 '이상한 마을의 엉뚱한 아이'라는 별명까지 붙여 주었습니다.

"너 어디 가니?"

"가기는 어딜 가겠어. 당연히 이상한 마을로 가는 거지, 하하하!"

친구들은 이처럼 페스탈로치를 좋아하면서도 놀려 댔습니다.

페스탈로치는 학교 성적이 좋지 않았습니다. 수업 시간에도 선생님의 강의에 귀를 기울이는 대신 몽상*에 빠져 있기 일쑤였거든요. 가끔 딴생각을 하고 있다가 선생님의 질문에 엉뚱한 대답을 해서 교실을 웃음바다로 만들기도 했습니다. 하지만 뭔가 흥미로운 것이 생기면 대단한 집중력을 나타내서 선생님이 깜짝 놀랄 정도로 척척 답을 말하기도 했습니다.

몽상 현실에서 이룰 수 없는 헛된 생각을 함. 또는 그 생각.

페스탈로치가 여덟 살 때였습니다. 어느 날, 학교에서 공부를 하고 있는데 갑자기 교실이 흔들리고 책상과 의자도 흔들렸습니다.

"지진이다! 모두 빨리 밖으로 나가라!"

선생님이 소리쳤습니다. 선생님과 아이들은 모두 교실 밖으로 우르르 뛰어나왔습니다. 아이들은 겁에 질린 얼굴로 숨을 죽이고 있었습니다.

그때 한 아이가 울먹이면서 말했습니다.

"나 어떡해? 책하고 가방을 모두 교실에 그냥 두고 나왔어."

"나도 급해서 그냥 나왔는데……."

아이들은 발을 동동 굴렀지만 아무도 교실에 들어가려고 하지 않았습니다.

그때 한 아이가 나서며 말했습니다.

"좋아, 내가 가져올게."

"안 돼, 위험해! 건물이 무너질지도 몰라!"

선생님이 말렸지만 그 아이는 벌써 건물 안으로 냅다 뛰어 들어갔습니다.

잠시 뒤, 그 아이는 책과 가방을 잔뜩 들고 나왔습니다. 다름 아닌 페스탈로치였습니다.

정의로운 아이

한 해가 지나 아홉 살이 된 페스탈로치는 라틴 어를 배울 수 있는 학교로 들어갔어요.

"아, 이 어려운 라틴 어를 도대체 왜 배워야 하는 거지?"

"그러게 말이야. 대학에 가려면 꼭 배워야 한대."

당시 라틴 어는 대학을 가려고 하는 학생들이 꼭 배워야 하는 필수 과목이었답니다. 페스탈로치는 라틴 어 뿐만 아니라 다른 과목도 열심히 공부를 했습니다.

페스탈로치는 열다섯 살 무렵부터 반에서 가장 뛰어난 학생이 되었습니다. 공부만 열심히 한 것이 아

라틴 어 인도·유럽 어족의 하나인 이탤릭 어파에 속하는 언어. 프랑스 어, 이탈리아 어, 에스파냐 어, 포르투갈 어, 루마니아 어 등으로 이루어진 로맨스 어의 근원이 됨. 로마 가톨릭 교회의 공용어로 쓰임.

니라 무척 정의로운 학생이었습니다.

한번은 선생님이 반 친구의 시험지에서 틀린 답 두 개를 맞는 답으로 채점한 것을 페스탈로치가 알게 되었습니다. 물론 그 친구의 부모님이 선생님에게 잘 보이려고 미리 선물을 보낸 것도 알게 되었지요.

페스탈로치는 선생님의 행동에 몹시 실망했습니다.

"아니, 어떻게 선생님이 그런 행동을 할 수가 있지?"

페스탈로치는 친구들에게 이 사실을 알렸습니다.

"네가 잘 못 안 것이 아닐까?"

친구들이 믿지 못하겠다는 듯 말하자 페스탈로치는 흥분해서 소리쳤습니다.

"내가 봤다니까! 분명히 틀린 답에 동그라미가 쳐져 있었어. 이건 올바르지 못한 일이야. 이런 일이 학교에서 일어나다니 정말 말도 안 돼."

페스탈로치는 이 일을 두고두고 잊을 수가 없었습니다.

또 한번은 음악 선생님이 술에 취한 상태에서 지휘봉을 휘두르며 학생들에게 강제로 음표를 가르치려고 한 적이 있었습니다. 그러자 페스탈로치는 곧장 교장 선생님에게 달려갔습니다.

"무슨 일이지, 요한 하인리히 페스탈로치?"

"교장 선생님, 음악 선생님이 술에 취해 수업 시간에 들어오셨어요. 그러고는 지휘봉으로 저희를 때리면서 음표를 가르치려고 하셨습니다. 저는 도저히 그런 수업을 받을 수가 없습니다."

페스탈로치는 교장 선생님을 똑바로 바라보면서 자신의 생각을 또박또박 말했습니다.

이후부터 페스탈로치는 그 음악 선생님이 가르치는 수업 시간에 들어가지 않아도 되었습니다.

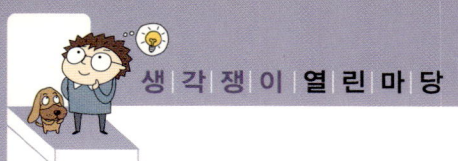
생각쟁이 열린마당

18세기 학교는
어떤 모습이었을까?

　페스탈로치가 학교를 다닐 때는 손으로 무언가를 하는 수업 시간은 없었다. 18세기 당시에 아이들이 다니던 학교에는 미술 시간도 없었고, 즐겁게 뛰어 노는 체육 시간도, 즐겁게 노래 부르고 악기를 연주하는 음악 시간도 없었다. 그저 책상 앞에 앉아 묵묵히 읽고 쓰고 셈하는 공부가 수업의 전부였다. 음악 시간도 딱딱하게 악보를 외우는 것이 고작이었다.

　한참 뛰어놀아야 할 나이에, 교실의 딱딱한 책상과 의자에 앉아 하루 종일 책과 칠판만 바라보면서 머리로만 공부를 했다. 아이들의 마음이 어땠을까? 여러분의 학교 시간표를 18세기에 학교를 다녔던 페스탈로치의 시간표로 한번 바꾸어 보면 이해할 수 있을 것이다.

　게다가 그 당시 아이들이 배워야 하는 과목에는 수학은 물론 어려운 라틴 어나 그리스 어, 물리, 종교 같은 것들이 있었다. 라틴 어는 매우 어려웠지만 상급 학교에 가려는 학생들에게는 반드시 익혀야 하는 필수 과목이었다. 당시 영어는 지금과 같은 세계 공용어가 아니었다. 그렇기 때문에 공부

를 잘하지 못하는 하위권 아이들이 주로 배우는 언어였다고 한다.

어쩌면 200년 뒤에는 지금 우리가 중요하다고 생각하는 것이 별로 중요하지 않거나 아니면 아예 쓸모없는 것으로 되어 버릴 수도 있을 것이다.

아이들은 언제, 어디에서건 교육을 받을 권리가 있다. 초등 교육은 가장 초보적이고 기본적인 교육으로, 아이들이 올바르게 성장하기 위해 필요한 내용과 민주 시민으로서 올바른 생활 능력을 가지게 하는 기초 교육이다.

따라서 신체적, 정신적, 사회적, 정서적, 지적으로 균형되게 성장할 수 있게 하는 교육이어야 한다.

가난한 사람들을
위해 살기로 결심하다

네 앞에 냇물이 나타나거든

　페스탈로치가 어릴 때였습니다. 하루는 할아버지와 함께 산책을 나갔습니다. 시원한 바람이 얼굴을 스치고 새들의 즐거운 노랫소리가 귓가를 간질였습니다. 할아버지와 손을 잡고 숲 속을 걷다 보니 시간 가는 줄 몰랐습니다.

　어느새 날이 어둑어둑해졌습니다. 할아버지와 페스탈로치는 집으로 발걸음을 재촉했습니다. 그러다가 냇물을 건너게 되었지요. 페스탈로치가 혼자 뛰어넘기에는 냇물의 폭이 좀 넓었습니다. 페스탈로치는 할아버지가 당연히 도와줄 것이라고 생각했습니다.

　그런데 뜻밖에도 할아버지는 페스탈로치의 손을 놓고 혼자 건너가는 것이 아니겠어요?

페스탈로치는 놀라서 물었습니다.

"할아버지, 저는 어떻게 해요?"

놀란 페스탈로치는 할아버지를 바라보았습니다. 할아버지는 태연스레 대답했습니다.

"어떻게 하다니? 그냥 건너면 되지."

"저 혼자는 못 건널 것 같아요."

페스탈로치는 잔뜩 겁을 집어먹었습니다. 할아버지는 바들바들 떨고 있는 손자에게 소리쳤습니다.

"뒤로 두 발짝 물러서서 힘껏 뛰면 돼!"

하지만 페스탈로치는 여전히 꼼짝도 않은 채 할아버지만 불러 댔습니다.

"저 못해요. 무서워요, 할아버지."

"뭐가 무섭다고 그러느냐? 네가 건너지 않는다면 할아버지는 혼자 갈 거다."

할아버지의 말에 페스탈로치는 울먹이기 시작했습니다. 할아버지는 잠시 굳은 표정을 짓더니 몸을 돌려 앞으로 걸어가려고 했습니다.

그 순간 페스탈로치는 혼자 남겨질까 봐 두려웠습니다. 그래서 엉

엉겁결 미처 생각하지 못하거나 뜻하지 아니한 순간을 일컫는 말.

겁결에 냇물을 펄쩍 건너뛰었습니다. 그러자 할아버지는 얼른 달려와 페스탈로치를 꼭 안아 주며 말했습니다.

"그것 봐라, 혼자 할 수 있잖니. 그렇게 하면 되는 거야. 잘했다. 언제든지 네 앞에 건너기 힘들어 보이는 냇물이 나타나더라도 지금처럼 힘껏 건너뛰려무나. 그러면 건널 수 있다. 무슨 일이든 마음먹기에 달려 있단다."

페스탈로치는 할아버지의 이 말씀을 마음속에 깊이 새겼습니다. 할아버지의 말씀은 페스탈로치가 어른이 된 뒤, 많은 실패 속에서도 끝까지 용기를 갖게 한 큰 힘이 되었습니다.

할아버지를 따라

페스탈로치는 휴일이나 주말이면 할아버지가 살고 있는 헹크로 갔습니다. 지금은 큰 도시이지만 당시의 헹크는 취리히 근처에 있는 작은 마을이었습니다.

할아버지는 그 마을에서 존경받는 목사였습니다. 가난한 사람들을 돕고 병든 사람들을 찾아다니며 돌보는 마음이 따뜻한 분이었습니다. 할아버지는 마을 사람들의 집을 찾아갈 때면 어린 페스탈로치를 데리고 다녔습니다.

"요한, 아랫마을 오토 할아버지가 병이 났다는구나. 그래서 병문안을 가려고 하는데 같이 가겠니?"

"예, 할아버지."

페스탈로치는 그런 할아버지가 무척 자랑스러웠습니다. 할아버지를 보면서 어린 나이에도 자신이 커서 무엇을 해야 할지 곰곰이 생각했습니다.

'나도 이다음에 크면 할아버지처럼 어렵고 힘들게 사는 사람들을 도울 거야. 그렇게 하려면 어떻게 해야 좋을까?'

아버지가 돌아가시고 어려워진 집안 형편 때문에 다른 음식 없이 오로지 빵만 먹게 되었을 때였습니다.

"또 빵만 먹어요?"

"엄마, 고기는 없어요? 고기 먹고 싶어요."

어린 동생들이 식탁에 앉아 음식 투정을 했습니다. 그러자 엄마가 부드러운 목소리로 말했습니다.

"우리보다 더 가난한 아이들도 많단다. 그 아이들은 하루 종일 힘들게 일하고 이런 빵 한 조각도 제대로 먹지 못한단다."

"왜요? 그 아이들은 엄마가 먹을 것을 안 줘요?"

페스탈로치는 이상하다는 듯 고개를 갸웃거리며 물었습니다.

"우리 주위에는 부모가 없는 아이들도 많단다. 게다가 그 아이들은 학교에도 다닐 수가 없어. 일을 해야 하거든……. 그 아이들이 고생하는 것을 생각해 보렴. 그러면 너희가 반찬 투정을 할 수는 없을 거야."

"그럼 그 아이들은 놀지도 못해요?"

동생들이 다시 물었습니다.

"응, 마음대로 놀지도 못해."

"알았어요, 엄마. 감사히 먹을게요."

어린 동생들은 엄마의 말에 곧 고분고분 해졌습니다. 페스탈로치는 엄마의 말을 다시 한 번 되새겨 보았습니다.

고분고분 말이나 행동이 겸손하고 예의 바르며 부드러운 모양.

'학교도 다니지 못하고, 놀지도 못하다니……. 그 아이들도 행복했으면 좋겠어.'

밤낮 없이 일하는 가난한 아이들

그 당시 시골에 사는 사람들의 생활은 정말 끔찍했습니다. 도시의 고용주 에게 부당한 대우를 받아도 아무 대꾸 없이 그대로 따라야 했습니다. 돈이 되는 일은 모두 도시 사람들이 차지하고 있었거든요.

고용주 물건이나 돈을 주고 사람을 시켜 일을 하게 하는 사람.

가난한 사람들을 위해 살기로 결심하다 **37**

배회 아무 목적도 없이 이리저리 돌아다님.

골방 큰 방 뒤쪽에 딸린 작은 방.

파리함 몸이 마르고 낯빛이나 살색이 핏기가 전혀 없는 상태를 말함.

외곽 바깥 테두리.

페스탈로치는 먹을 것을 찾기 위해 길거리를 배회하는 많은 아이들을 보게 되었습니다. 그들은 거의 도시의 악독한 상인에게 팔려 가서 힘들게 일하다가 목숨을 잃기도 했습니다. 또 다른 아이들은 가족들을 먹여 살리기 위해 목화에서 실을 자아내거나 여름에도 무더운 지하실 골방에서 천을 짜야 했습니다. 아니면 하루 종일 공장 안에서 일을 하느라 얼굴이 파리해지고 몸이 여위어 갔습니다.

그 아이들은 전혀 배울 기회가 없었습니다. 학교는 엄두도 낼 수 없었으며 고작해야 마을의 작은 공부방뿐이었습니다. 게다가 공부를 가르쳐 주는 시간도 아주 짧았습니다.

매달 초가 되면 페스탈로치는 수많은 거지들의 행렬을 지켜보아야 했습니다. 경찰들이 그 거지들은 마을 외곽으로 내모는 가슴 아픈 장면이었습니다.

"저리 가, 이 더럽고 쓸모없는 거지들! 우리 마을에서 너희 같은 것들은 싹 없어져야 해."

곳곳에서 마주친 이런 비참한 장면은 페스탈로치의 가슴속 깊은 곳에서 슬픔과 분노가 일었습니다. 페스탈로치는 참을 수가 없었습니다.

울컥하는 마음을 진정하며 다짐했습니다.

'무엇인가를 해야 해. 어떻게 해서든지 저 사람들을 도울 거야.'

이 결심은 평생 페스탈로치에게서 떠나지 않았습니다.

가난한 사람들을 늘 애정 어린 시선과 따뜻한 마음으로 대했던 페스탈로치는 훗날 이런 말을 하기도 했습니다.

가진 것이 없으면 신과 가까워진다. 가난한 사람은 감동을 잘한다. 스스로를 낮추는 겸허함이 있기 때문이다. 겸허함이 마음을 깨끗하게 만들어, 작은 것에도 고마움을 느끼는 것이다.

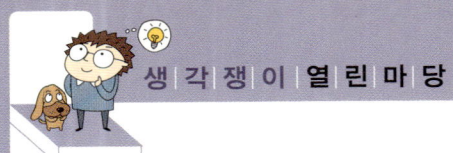
생각쟁이 열린마당

산업 혁명과 아동의 노동

　산업 혁명은 18세기 중엽, 영국에서 시작된 기술 혁신과 이에 따른 사회, 경제의 커다란 변화를 뜻한다. 산업 혁명이 일어나면서 농사짓는 땅 대신 공장들이 들어선 도시가 늘어났고 많은 사람들이 일자리를 찾아 도시로 몰려들었다. 도시에 사람들이 늘어나자 살 집도, 먹을 것도 넉넉하지 않았다. 게다가 온종일 공장에서 뿜어내는 연기 때문에 도시는 언제나 안개에 휩싸여 있었다. 더러운 생활환경, 오염된 공기 때문에 도시에 사는 사람들은 건강하지 못했다. 또 산업화가 진행되면서 공장을 운영하는 사람들은 부자가 되었지만, 공장에서 일하는 노동자들은 나날이 가난해졌다.

　온 가족이 먹고살기 위해서는 한창 뛰어놀고 공부해야 하는 예닐곱 살 나이의 어린아이까지도 휴식 시간 없이 하루에 18시간이 넘게 공장에서 일을 했다. 아이들의 임금은 턱없이 쌌으며, 많은 아이들이 일을 하다가 사고로 죽거나 병에 걸려 죽어 갔다.

　지금으로서는 상상도 못할 일이지만, 당시 18세기 이전의 사람들은 어

린이를 엄하게 훈련하고 지도해야 하는 그런 존재라고 생각했다. 18세기 이후에 루소와 같은 철학자들이 나타나면서 어린이를 독립적인 존재로 존중해 주고 어린이에 대한 신체적인 처벌이나 학대, 부당한 대우에 대해 오늘날과 같은 생각을 하게 되었다. 특히 당시 일반 서민층은 어린이에게는 별 관심이 없고 어린이의 노동을 당연하게 여기는 분위기였다. 때문에 이러한 어린이의 노동과 착취가 가능했다.

어린이의 낮은 임금과 비인간적인 작업 환경은 19세기 말에 이르러서야 바뀌게 된다. 노동자의 최소 나이 열살 이상, 식사와 휴식 시간 2시간 보장, 노동 시간은 12시간으로 한정하는 법안이 1878년에 영국에서 통과되었다.

물론 지금도 저개발 지역이나 경제적으로 어려운 국가에서는 이러한 어린이의 노동과 착취가 일어나고 있다.

아래는 어린이 노동과 관련된 최초 법안이 영국에서 만들어진 지 81년이 지난 1959년, 유엔(UN) 총회에서 선포된 '어린이 인권 선언문'이다. '어린이 인권 선언문'은 "인류는 최선의 것을 어린이에게 주어야 할 의무가 있다"는 전문과 본문 10개조의 내용으로 이루어져 있다.

① 어린이는 인종, 종교, 태생, 성별로 인한 차별을 받지 않을 권리가 있다.
② 어린이는 신체적, 정신적, 도덕적, 영적, 사회적으로 발달하기 위한 기회를 가질 권리가 있다.
③ 어린이는 이름과 국적을 가질 권리가 있다.
④ 어린이는 적절한 영양, 주거, 의료 등의 혜택을 누릴 권리가 있다.
⑤ 어린이는 정신적 장애가 있는 경우 특별한 치료와 교육과 보살핌을

받을 권리가 있다.

⑥ 어린이는 애정과 도덕적, 물질적 보장이 있는 환경에서 양육될 권리가 있다.

⑦ 어린이는 의무 교육을 받을 권리, 놀이와 여가 시간을 가질 권리가 있다.

⑧ 어린이는 전쟁이나 재난으로부터 가장 먼저 보호받고 구조될 권리가 있다.

⑨ 어린이는 학대, 방임, 착취로부터 보호받을 권리가 있다.

⑩ 어린이는 인간 상호 간 우정, 평화, 형제애 정신으로 양육될 권리가 있다.

이들 내용 중의 상당 부분이 페스탈로치가 평생을 바쳐 어린이들에게 해 주려고 했던 내용이다. 페스탈로치는 단순한 교육자가 아니라 어린이의 인권을 위해 평생을 바친 성인이다.

정의를 위해 나서다

애국단의 단원이 되다

페스탈로치는 열일곱 살이 되자, 취리히 대학에 입학을 했습니다. 그리고 변호사가 되기로 결심했습니다. 어린 시절부터 간직해 온 할아버지처럼 목사가 되겠다는 꿈을 과감히 바꾼 것입니다.

'이 세상에 가득 찬 부조리와 불공평, 그리고 그 속에서 비참하게 살아야 하는 불쌍한 사람들을 돕기 위해 변호사가 되어야겠어. 그것이 조국과 사람들을 도울 수 있는 최선의 방법이야.'

이 무렵 취리히에는 정부의 잘못된 정책에 반대하는 대학생들이 나타나기 시작했습니다. 그들은 서민들을 위한 사회 정의를 이룰 것을 요구하고 나섰습니다. 사회의 부조리와 부패를 바로잡아 시민들에게 권리를 찾아 주기 위한 일종의 '자유 운동'이었습니다.

이 운동의 중심에는 진보적인 학생 동아리인 '애국단'이 있었습니다. 애국단은 페스탈로치가 가장 좋아한 취리히 대학의 보드머 교수를 중심으로 한 청년들의 모임이었습니다. 보드머 교수는 취리히는 물론 스위스 국민들에서 존경받는 인물로 언제나 학생들이 그를 따라다녔습니다.

보드머 교수와 학생들은 자주 만나서 플라톤°, 코메니우스°, 마키아벨리°, 흄° 등 고대와 현대의 철학자들의 사상에 대해 이야기를 나누었습니다. 철학자 중에서 그 누구보다도 페스탈로치의 흥미를 끈 사람은 루소°였습니다.

특히 루소가 지은 《에밀》은 인간성을 잃은 당시 교육의 단점을 날카롭게 지적하고 자유로운 새 교육법을 제시하는 한 줄기 빛과 같은 책이었습니다.

《에밀》을 읽고 난 뒤, 페스탈로치는 가난한 집 아이들이 마음 놓고 공부할 수 있는 학교를 세우겠다는 결심을 더욱 굳건히 하게 되었습니다. 또 애국단 학

부조리 도리에 어긋나거나 이치에 맞지 아니함. 또는 그런 일.

플라톤(기원전 428~기원전 347?) 고대 그리스의 철학자. 소크라테스의 제자로, 아카데미아를 열어 한평생을 교육에 바침. 《소크라테스의 변명》, 《향연》, 《국가》 등을 씀.

코메니우스(1592~1670) 체코 슬로바키아의 교육 사상가. '근대 교육학의 아버지'라고 불림. 《대교수학》, 《최신 언어 교수법》, 《자연학 개론》 등을 씀.

마키아벨리(1469~1527) 이탈리아의 정치 사상가·외교가·역사학자. 《로마사론》, 《군주론》 등을 씀.

흄(1711~1776) 영국의 철학자이자 역사가. 《인간 오성론》, 《영국사》 등을 씀.

루소(1712~1778) 프랑스의 작가이자 사상가. 《인간 불평등 기원론》, 《사회 계약론》 등을 씀.

보드머(1698~1783) 교수(왼쪽) 취리히 대학에서 역사학과 정치학을 가르치며 스위스 젊은이들에게 진보적인 사상을 심어 주었다.

생들과 모여서 이상과 사회 정의에 대해 이야기를 나누었습니다.

"도시에 사는 일부 계층만이 정치에 참여할 수 있고, 목사가 되거나 판사나 검사, 변호사가 되거나 무역을 할 수 있다는 것은 말도 안 돼."

"맞아, 이건 공평하지 않아. 농사를 짓는 농부들도 도시에 사는 사람들과 똑같은 권리를 누려야 해."

청년 애국단 단원들은 머리를 맞대고 열띤 논의를 했습니다. 물론 누구든지 이런 말을 밖으로 꺼내는 날이면 그 자리에서 당장 잡혀가 감옥에 갇혔습니다.

당시 스위스 정부에서는 출판되는 모든 신문과 인쇄물을 감시했습니다.

1765년 애국단에서는 스위스 정부의 눈을 피해 일주일에 한 번 나오는 《경작자》라는 이름의 소책자를 창간했지요.

논의 어떤 문제에 대해 서로 의견을 내어 토의함. 또는 그런 토의.
소책자 조금 작게 만든 책.
창간 신문, 잡지 등 정기 간행물의 첫 번째 호를 펴냄.

애국단에서는 힘없이 착취당하는 서민들이 스스로 권리를 찾으려면 무엇보다도 교육이 필요하다고 생각했습니다. 《경작자》는 그러한 교육을 위해 필요한 책이었지요.

> 지위가 가장 낮은 서민이나 농민들이 쉽게 알 수 있도록 책을 써 내는 일이 중요하다. 그러나 서민들은 가난하여 비싼 책을 사서 볼 수가 없다. 이 책자는 뜻있는 사람들의 도움으로 만들어 무료로 나누어 주거나 아주 싼 값으로 사 볼 수 있게 해야 한다.
> - 《경작자》 중에서

체포당하다

그런데 애국단에서 만들어 내던 소책자를 창간한 지 2년 뒤인 1767년, 《경작자》는 정부로부터 발행 정지를 당하게 되었습니다. 책자에 실린 논문 때문이었습니다.

문제가 된 논문의 내용은 다음과 같았습니다.

'자유의 본질'은 민중이 원하는 정부를 세우는 데 있다. 그러므로 정부는 민중의 뜻에 따라 움직여야

발행 정지 신문이나 잡지 등을 일정한 기간 동안 펴내지 못하게 정지시킴. 주로 펴내는 절차에 문제가 있거나 싣지 못하게 금지한 글이나 그림을 실었을 때 일어남.

본질 사물이 본래 가지고 있는 스스로의 성질이나 모습.

한다.'

 당시 정부의 잘못과 정치의 모순을 날카롭게 비판하고 깨달으라는 내용이었습니다. 당연히 정부에서는 이 글을 쓴 사람을 체포하려고 미친 듯이 날뛰었습니다.

 정부 관리들은 페스탈로치를 체포해서 감옥에 가두었습니다. 하지만 실제로 그 내용을 쓴 사람은 페스탈로치가 아니었습니다. 다행히도 얼마 뒤, 글을 쓴 사람이 페스탈로치가 아니라 다른 신학자라는 것이 밝혀졌습니다.

 3일 뒤, 페스탈로치는 감옥에서 풀려났지만 책자를 거두어들여 모든 사람들이 보는 광장에서 태워야 했습니다. 그 뿐만 아니라 책자를 태우는 데 필요한 불쏘시개를 사는 벌금을 물어야 했습니다.

 공들여 만든 책자에 불이 붙고 검은 연기가 하늘로 치솟아 올라가는 동안 페스탈로치는 몇몇 친구들과 함께 근처에 있는 지붕에서 이 광경을 지켜보았습니다.

 "아, 공정해야 할 법률이 사람들에 의해 이렇게 악용될 수 있다니, 이게 말이나 되는 일인가?"

 "글쎄 말이야. 법마저도 권력이 있는 자들의 것인가봐."

 친구들은 혀를 차며 당시의 현실을 걱정하고 한탄

> **악용** 어떤 물건이나 제도를 알맞지 않게 쓰거나 나쁜 일에 씀.

취리히 대학교 페스탈로치가 다닌 신학대학은 1833년 취리히 시민들이 세운 취리히 대학교에 통합되었다.

했습니다.

　페스탈로치는 이 일로 크게 좌절[•]하지는 않았습니다. 하지만 이를 계기로 법률을 얼마든지 부당[•]하게 사용할 수 있다는 것을 알게 되었습니다.

　또한 그동안 민중들을 위해 도움을 줄 수 있는 방법이라고 믿어 오던 학문과 정치에 회의[•]를 느끼게 되었습니다.

　페스탈로치는 무엇을 해야 할지 다시 진지하게 고민을 했습니다.

　'무얼 어떻게 해야 하지? 어떻게 해야 내가 저 불쌍한 사람들을 도울 수 있을까?'

좌절 마음이나 기운이 꺾임.
부당 정당한 이치에 맞지 아니함.
회의 믿지 못하는 마음이 생김. 또는 마음속에 품고 있는 의심.

　페스탈로치의 나이 스물한 살 때였습니다. 취리히 대학에 입학한 이후 아직 졸업도 하지 않은 어린 나이였지만 페스탈로치는 이미 사회 정의를 실천하기 위한 방법을 고민하고 있었던 것입니다.

　페스탈로치는 교육의 힘에 대해 생각하며 다음과 같은 글을 남기기도 했습니다.

모든 사람은 지위가 높거나 낮거나
마음의 본질에는 어떠한 차이도 있을 수 없다.
겉모습이나 가진 것이 아니라
마음 씀씀이가 곧 자기 자신인 것이다.
그러므로 교육의 대상도 바로 마음이다.
교육을 통해 참되고 올바른 마음을 갖추게 되고 점점 나아진다.
따라서 행복은 밖에서 우연한 기회에 얻을 수 있는 것이 아니라
오직 마음의 힘에서 만들어 낼 수 있다.

생각쟁이 열린마당

페스탈로치 교육 사상의 뿌리, 《에밀》

　루소의 《에밀》은 페스탈로치의 교육 사상에 근본 뿌리가 된 책이다. 1762년도에 《사회계약론》과 함께 출간된 《에밀》은 취리히의 학생들에게 자유주의적 이상과 선하고 자유로운 삶이 무엇인지에 대한 생각을 하게 했다. 학생들이 생각하기에 도시에 살고 있는 일부 계층의 삶은 왜곡되고 부조리하며 자연스럽지 않은 삶이었다. 이와 대조적으로 농부들의 삶은 단순하지만 아주 강력했다. 농부들을 안타깝게 여기던 페스탈로치에게 이 부분은 매우 중요했다.

　《에밀》은 루소 스스로도 자신의 저서 중에서 가장 뛰어나고 중요한 책이라고 말했다. 인간에 대한 관점과 자연주의 교육론의 체계는 물론 유물론(만물의 근원을 물질로 보는 이론)에 반대하고, 원죄설(인간은 모두 죄를 타고난다는 설)을 받아들이지 않으며, 순수한 '자연 종교'에 대한 생각이 담겨 있는 작품이다. 이 책에서 루소는 인간은 본래 자연 상태에서는 선한 존재라는 성선설을 주장했다. 그러므로 루소에게 있어서는 선하게 태어나는 어린이를 어떻게 하면 잘못된 길로 빠지지 않게 잘 키울 수 있을 것인지가 교육의 핵심이 된다.

　루소의 교육론은 당시의 교육 이론과는 다른 새로운 것이었다. 루소는 어린이를 더는 어른의 축소판이 아닌 어린이 그 자체로 받아들여야 함을 주장했다. 어른이 아직 덜 된 미완성의 존재가 아니라고 바라본 것이다.

　루소가 주장한 '교육하지 않는 교육'이란 아무것도 하지 않는 것이 아니라, 선하게 타고난 존재인 어린이에게 섣불리 교훈을 주려 하지 않는 것, 필요한 능력을 키우면서 자연스럽게 성장하게 하는 것이었다. 루소의 이러한 생각은 페스탈로치가 꿈꿔 왔던 아이들을 위한 참다운 교육의 상이었다.

영혼으로
맺어진 인연

사랑이 시작되다

페스탈로치에게는 메낙이라는 친구가 있었습니다. 메낙은 페스탈로치와 마찬가지로 애국단의 단원이었는데 둘은 매우 깊은 우정을 나눈 사이였습니다. 나이가 많은 메낙은 페스탈로치를 동생처럼 아껴 주었습니다.

두 사람은 또 다른 친구인 케스퍼의 집에서 자주 만나 여러 가지 이야기를 나누며 즐거운 시간을 보냈습니다. 케스퍼의 누나 안나는 이들이 하는 대화를 듣는 것을 아주 즐거워했습니다.

그러던 어느 날, 메낙이 몹시 아프다는 연락이 왔습니다.

페스탈로치는 메낙의 집으로 한걸음에 달려갔습니다.

"아니, 이게 어떻게 된 거예요?"

놀란 페스탈로치는 얼굴이 하얗게 되어 물었습니다.

"폐병이래요."

페스탈로치보다 먼저 와 있던 안나가 근심 어린 목소리로 말했습니다. 메낙은 희미하게 웃으며 페스탈로치를 맞았습니다.

"미안하네, 요한."

메낙은 가까스로 기운을 내서 페스탈로치에게 손을 내밀었습니다.

"안 돼, 병 따위에 지면 안 돼. 메낙, 우리에게는 할 일이 많잖아. 나와 함께 그 일을 하기로 했잖아."

페스탈로치는 무너지는 가슴을 쓸어내리며 말했습니다.

"나도 자네와 함께 불쌍한 사람들을 돕고, 민중들을 위해 평생을 바치고 싶었는데……."

"그래, 그러니까 어서 기운을 내게. 민중들을 위해서라도 얼른 일어나야지."

"나도 그러고 싶네만……."

"메낙, 제발 기운을 차리게! 제발……."

페스탈로치는 메낙이 회복되기를 간절히 기도했습니다. 하지만 메낙은 스물네 살의 젊은 나이로 세상을 떠나고 말았습니다. 메낙의 죽음은 페스탈로치에게도 안나에게도 깊은 슬픔이었습니다.

페스탈로치는 죽은 친구가 생각날 때마다 안나에게 편지를 썼습니다. 이따금 찾아가서 함께 메낙에 대한 추억을 이야기하며 슬픔과 그리움을 달랬습니다.

그러는 동안 페스탈로치는 서서히 안나를 사랑하게 되었습니다. 그 사랑은 시간이 갈수록 깊어져 페스탈로치는 안나에게 편지로 사랑을 고백하게 되었습니다.

아이들을 돌보고 있는 페스탈로치와 안나 페스탈로치의 고귀한 영혼에 감동받은 안나는 결혼 후, 가난한 아이들을 헌신적으로 보살폈다.

영혼으로 맺어진 연인

안나는 페스탈로치보다 여덟 살이나 나이가 많았지만 매우 아름다운 여인이었습니다. 취리히에서 아름다운 여인들 중 한 명으로 소문이 자자했습니다. 얼굴이 아름다울 뿐만 아니라 마음도 착하고 아름다웠습니다.

안나의 부모는 재산이 많은 부자였습니다. 집안도 꽤나 알려져 있어서 안나는 누구나 탐을 내는 일등 신붓감이었습니다.

하지만 페스탈로치는 병을 앓은 탓에 얼굴은 울퉁불퉁 일그러져 못생겼고 가진 것도 직업도 없었습니다. 게다가 집안도 보잘것없었습니다.

페스탈로치의 머릿속은 온통 어떻게 하면 더 좋은 세상을 만들지에 대한 생각으로 가득 차 있었습니다. 하지만 손은 망치로 못 하나도 제대로 박지 못할 것같이 생겼습니다.

안나의 부모는 자신들의 부와 명예를 매우 자랑스럽게 생각하는 사람들이었습니다. 그들은 서민들을 무시하고 깔보았습니다.

특히 안나의 어머니는 엄하고 쌀쌀맞으며 남을 업신여기는 사람이었습니다. 자기 뜻대로 하지 않으면 아들과 딸일지라도 아주 심하게 벌을 주었습니다. 나이가 서른이 되었는데도 안나는 부모에게 매를 맞았습니다. 그러니 부모의 뜻을 거스른다는 것은 상상조차 할 수 없었습니다. 부모의 허락 없이 결혼을 할 수 있는 방법은 없었습니다.

처음에 안나는 페스탈로치의 연애 편지에 짧고 조심스레 답장을 할 따름이었습니다. 페스탈로치에 대한 사랑의 마음을 솔직하게 표현하지 않았습니다.

물론 안나도 페스탈로치가 가난하고 꿈과 이상*으로 가득 찬 사람이라는 것을 알고 있었습니다. 그리

| **이상** 생각할 수 있는 범위 안에서 가장 완전하다고 여겨지는 상태. |

고 망치질도 제대로 못한다는 것도 알고 있었습니다.

하지만 안나에게는 그런 것은 그다지 중요하지 않았습니다. 안나는 페스탈로치의 가슴 깊은 곳을 보았기 때문입니다. 페스탈로치가 얼마나 착하고 정직하며 고결*한 마음을 가진 사람인지를 알아보았습니다.

> **고결** 가지고 있는 성격과 인품이 속되지 아니하고 고상하며 순결함.

처음에는 둘 다 이 사실을 아무에게도 알리지 않았습니다. 하지만 이 사실은 곧 안나의 부모 귀에도 들어가게 되었습니다. 일이 이렇게 되자 페스탈로치는 안나의 집으로 찾아가 둘의 사랑을 허락해 달라고 청했습니다. 하지만 안나의 부모는 쌀쌀맞기 그지없었습니다.

"우리 집에서 당장 나가게. 그리고 다시는 이 문 안으로 들어올 생각도 말게!"

페스탈로치는 결국 집 밖으로 쫓겨나고 말았습니다. 하지만 안나를 향한 사랑은 멈출 수 없었습니다.

그 뒤로 두 사람은 편지만을 비밀스럽게 주고받았습니다. 가끔 몰래 만나기도 했지만 보통은 안나의 남동생이 둘 사이를 왔다 갔다 하며 편지를 전해 주었습니다. 결혼하기 전까지 2년 동안 페스탈로치와 안나는 무려 468통의 편지를 주고받았습니다.

훗날 안나의 친구가 안나에게 왜 페스탈로치와 결혼했냐고 물은

적이 있었습니다.

안나의 대답은 다음과 같았습니다.

"누구보다 고귀한 영혼을 가진 사람이니까."

흙에 대한 사랑을 품고

페스탈로치는 오랜 도시 생활에서 여러 가지 문제점을 보며 깊은 회의에 빠졌습니다. 게다가 건강까지 나빠졌습니다.

그래서 1767년 가을, 농장일도 배우고 건강도 되찾을 겸 친구의 소개로 알게 된 티페리 씨의 농장으로 갔습니다.

취리히 남쪽에 있는 티페리 씨의 농장에서 페스탈로치는 가슴을 활짝 펴고 맑은 공기와 달콤한 꽃향기를 듬뿍 들이마셨습니다.

'아, 행복해. 자연과 함께 숨쉬며 이렇게 일하는 즐거움은 도시의 생활과는 비교할 수도 없어.'

페스탈로치의 얼굴은 곧 햇빛 아래 그을려 건강한 구릿빛으로 생기가 넘쳤습니다. 티페리 씨의 농장에서는 '지치'라는 식물을 재배하고 있었습니다. 페스탈로치가 갔을 때는 농장 전체가 하얀 지치 꽃으로 가득 차 있었습니다.

"와, 지치 꽃이 이렇게 예쁜 줄 몰랐습니다. 그런데 농장 밖에 있는 꽃도 지치 꽃인 것 같은데, 저 꽃들은 왜 저렇게 볼품이 없고 약해 보이나요?"
페스탈로치가 티페리 씨에게 물었습니다.
"아무도 잡초를 뽑아 주지 않고 벌레도 잡아 주지 않았기 때문이지. 식물도 충분히 돌보아 주고 사랑해 주면 건강하고 튼튼하게 자랄 수 있다네."
"예, 그렇군요."

페스탈로치는 티페리 씨의 이 말에서 교육이 얼마나 중요한지 깨닫게 되었습니다. 아이들이 잘 자랄 수 있도록 환경을 만들어 주고 사랑해 주는 일 말입니다.

페스탈로치는 자연을 사랑하는 마음으로 흙 속에 묻혀서 열심히 살았습니다.
　그렇게 농장에서 일 년을 보낸 뒤, 페스탈로치는 흙에 대한 사랑을 품고 취리히로 돌아왔습니다. 누구보다도 페스탈로치를 반갑게 맞아 준 것은 안나였습니다. 페스탈로치는 안나에게 시골에서 아이들을 교육하면서 농부로 살고 싶은 자신의 꿈을 털어놓았습니다. 안나는 기꺼이 페스탈로치와 함께 그 꿈을 이루겠노라고 답했습니다.

자연으로 돌아가는 삶

　페스탈로치는 루소의 영향을 받아 흙을 가까이하고 싶어 했다. 또 도시를 떠나고 싶어 했다. 어떤 마음 때문이었을까? 자연으로 돌아가서 어린이를 교육하라는 루소의 말에서 동양의 노장 사상을 떠올릴 수 있다. 노장 사상에서는 문명의 발달이 지닌 한계와 문제점을 지적하면서 자연을 지배하는 문명이나 문화를 따라 살지 말고 자연을 따라 살 것을 주장했다. 그것은 인간이 자연에서 살다가 다시 자연으로 돌아갈 수밖에 없기 때문이다.

　지금까지 우리 인간은 더 나은 삶을 위해 자연을 개발하고 변하게 했다. 자연을 따르는 것이 아니라 지배하려고 애써 온 것이다. 그 결과 자원이 거의 없어지고 환경오염이 심해졌다.

　최근 현대인들은 다시 '자연으로 돌아가자'는 주장과 마주하고 있다. 하지만 생각보다 그리 쉽지는 않다. 자연이 흘러가는 대로 따르는 것이 어려운 이유는 무엇일까? 삶을 즐기며 조용하고 편안하게 사는 것이 어려운 이

유는 우리가 지금까지 자연스러움과 반대로 사는 것에 너무나 익숙해져 있기 때문이다.

노자가 이루고자 한 삶과 루소가 자연으로 돌아가자고 주장한 것은 매우 비슷하다. 억지로 간섭하지 않고 자연의 순리대로 교육하자는 루소의 사상은 바로 노자가 말한 자연을 따르는 삶이다. 어찌 생각해 보면 이는 결코 편한 삶은 아닐 수 있다. 우리가 아는 한 페스탈로치의 삶은 평범하지 않았다. 문명이 발달한 사회에서 사는 사람들이 보기에는 힘든 삶일 수도 있다. 하지만 페스탈로치는 가장 자연스러운 삶을 살고자 노력했다고 할 수 있다.

새로운 희망의 마을을 일구다

꿈의 농장

페스탈로치는 은행에서 돈을 빌려 취리히에서 25킬로미터 떨어진 작은 마을에 20헥타르의 땅을 사들였습니다. 그리고 그 땅에 자신이 꿈꾸어 온 농장을 지을 생각이었습니다.

"농장 이름을 '노이호프'라고 해야겠소."

"노이호프, '새로운 희망의 마을'이란 뜻이군요. 참 멋지네요."

안나는 페스탈로치의 의견에 언제나 찬성이었습니다. 페스탈로치는 안나와의 결혼 준비를 서둘렀습니다.

안나의 아버지는 반대하는 마음이 차츰 누그러졌습니다. 안나의 어머니도 마음에 내키지는 않았지만 둘의 결혼을 허락하게 되었습니다.

"어쩔 수 없어서 결혼을 허락하지만 너한테 줄 수 있는 것은 아무것도 없다. 네가 입던 옷가지와 피아노는 가져가도 좋다. 하지만 다른 것은 손대지 마라. 그리고 나는 네 결혼식에는 안 간다."

페스탈로치의 농장인 노이호프

어머니는 끝까지 차가웠습니다. 아버지도 차갑기는 마찬가지였습니다. 하지만 두 사람은 부모의 허락을 받았다는 것만으로도 뛸 듯이 기뻤습니다. 오랜 세월을 참고 기다린 보람이 있었습니다.

1769년 9월 30일, 오래된 낡고 작은 교회에서 페스탈로치와 안나는 결혼식을 올렸습니다. 축하하는 손님은 페스탈로치의 식구들과 안나의 동생뿐이었지만 페스탈로치와 안나는 꿈처럼 행복했습니다. 이때 페스탈로치는 스물세 살, 안나는 서른한 살이었습니다.

아직 노이호프가 완성되지 않았기 때문에 페스탈로치와 안나는 근처에 있는 작은 농장을 얻어 신혼살림을 차렸습니다. 다음 해 여름, 페스탈로치 부부는 첫 아들 야곱을 얻었습니다. 페스탈로치는

아들이 태어나자마자 육아 일기를 쓰기 시작했습니다. 이는 루소의 영향 때문이었습니다. 페스탈로치의 육아 일기는 4년 동안이나 계속 이어졌는데, 이는 이후 페스탈로치의 교육 사상과 교육 방법에 중요한 토대가 되었습니다.

토대 어떤 사물이나 사업의 밑바탕이 되는 기초와 밑천을 비유적으로 이르는 말.

농장의 실패

1771년, 드디어 노이호프가 완성되었습니다. 페스탈로치와 안나는 기쁜 마음으로 노이호프의 집으로 이사를 왔습니다. 2층 집은 창이 넓어, 집 안 구석구석까지 햇살이 비쳐 무척 밝고 따뜻했습니다.

"안나, 앞으로 우리 행복하게 살아요."

페스탈로치는 새 농장에서 새 마음으로 일을 시작했습니다. 하지만 농장일은 마음만큼 쉽지 않았습니다. 페스탈로치는 티페리 씨의 농장에서 배운 새로운 농사법을 농부들에게 알려 주었습니다. 하지만 농부들은 페스탈로치의 말을 무시하고 비아냥거렸습니다.

"여태 우리가 해 온 방법으로 농사를 잘 지어 왔는데, 왜 갑자기 나타나 자기 멋대로 농사법을 바꾸라는 거야?"

"그러게 말이야. 도시에서 온 사람이 농사에 대해 뭘 안다고 저렇게 잘난 체하는지 모르겠네."

페스탈로치를 못마땅해한 농부들은 자기 염소나 양이 페스탈로치의 밭에 마구 들어가서 밭을 망치는 것을 보고도 그냥 내버려 두었습니다. 페스탈로치가 애써 만든 담장은 이내 허물어지고 말았습니다. 결국 이 일은 법정 문제로 커졌습니다. 재판에서는 페스탈로치가 이겼지만 문제는 여기에서 끝나지 않았습니다.

지배인 주인을 대신하여 실질적인 권한을 쥐고 있는 사람.

악덕 사람들에게 해를 끼치고 도리에 어긋나는 나쁜 마음이나 나쁜 짓.

페스탈로치는 사람을 잘 믿는 성격이어서 지배인인 메르키에게 모든 일을 맡겼습니다. 하지만 메르키는 노이호프 농장의 농기구를 몰래 팔아 그 돈을 자기가 챙겼습니다. 그리고 노이호프 농장에서 일한 일꾼들의 품삯도 중간에서 몰래 가로챘습니다. 그것도 모자라 일꾼들에게 페스탈로치가 돈을 주지 않는다고 거짓말까지 했습니다.

"아니, 일을 했는데 품삯을 주지 않다니 이게 말이 돼?"

"미안하네, 주인이 돈을 주지 않는구먼."

사람들은 메르키의 말만 믿고 페스탈로치를 욕했습니다.

"페스탈로치, 이 사람 악덕 농장주로구먼. 다시는 이 농장에서 일을 하지 않을 걸세."

"나도 안 해. 안 하고말고."

이런 소문이 퍼지자 노이호프 농장을 지을 때 돈을 빌려 준 은행가가 페스탈로치를 찾아와 당장 돈을 내놓으라고 다그쳤습니다.

"더는 당신을 믿지 못하겠으니 어서 돈을 갚으시오."

"모두 오해입니다. 제발 제 말 좀 들어주십시오."

"필요없으니 당장 내 돈을 돌려주시오."

아무리 설득을 해도 은행가는 막무가내였습니다.

'모두 내 잘못이다. 내가 좀 더 살피고 관리를 했어야 하는데. 그러면 이런 일이 벌어지지도 않았을 텐데……'

페스탈로치는 일이 왜 이렇게 되었을까 후회하며 곰곰이 되돌아보았습니다. 하지만 이미 때는 늦었습니다. 결국 페스탈로치가 열심히 노력했는데도 농장 일은 안타깝게 실패하고 말았습니다.

하지만 페스탈로치는 쉽게 좌절하지 않았습니다. 벌써 새로운 계획을 짜고 있었지요. 그리고 안나에게 자신의 새로운 계획을 들려주었습니다.

"돈은 없지만 나에게는 농장과 집이 남아 있소. 수많은 아이들이 거리에서 구걸을 하고 있는데 아무도 그 아이들을 돌보지 않아요. 안나, 내가 그 아이들을 데려다가 가르치려 하오. 훌륭한 사회인으로 자라도록 말이오."

안나는 남편의 뜻을 이해했지만 현실을 걱정하지 않을 수 없었습

니다.

"그러려면 돈이 꽤 많이 필요할 텐데 어디서 돈을 구하지요?"

"우리가 함께 데리고 살면서 먹이고 입히고, 또 옷감 짜는 일을 가르쳐 주면 어떻겠소? 그러면 살아가는 데 필요한 돈은 어느 정도 벌 수 있을 거요. 게다가 우리는 아이들에게 읽고 쓰고 셈하는 것을 가르칠 수 있지 않소. 아이들에게 일하는 보람과 배우는 즐거움을 함께 가르치는 거요. 그거야말로 아이들에게 더할 나위 없는 좋은 교육 방법이라고 생각하오."

확신에 가득 찬 페스탈로치는 1774년, 자신의 농장인 노이호프를 학교로 만들었습니다. 가난한 아이들이 함께 일을 하고 교육을 받을 수 있도록 준비를 했습니다. 처음에는 친척들과 친구들로부터 돈을 빌려 학교를 운영하기 시작했습니다. 돈을 내지 않아도 먹여 주고 입혀 주고 교육도 시켜 준다는 소문에 여기저기서 가난한 아이들이 몰려왔습니다.

일하면서 배우고, 배우면서 일하는 교육

노작 교육은 19세기 말에서부터 20세기 초에 걸쳐 독일을 중심으로 발달한 교육이다. 이는 '일하면서 배우고, 배우면서 일한다'는 교육 방법이다. '노작 교육'이라는 말은 케르셴슈타이너(1854~1932)가 '노작 학교'라는 말을 처음 사용한 뒤로 교육계에 널리 퍼지게 되었다.

케르셴슈타이너는 노작 교육을 자신의 정신적 스승인 페스탈로치에게서 이어받았다. 사실 페스탈로치는 그 교육 활동의 출발점을 농민의 자녀들을 위한 노작 교육에 두었으며, 노작 교육이 아이들의 지적, 도덕적 능력을 기르는 기반이 된다고 생각했다. 이것은 페스탈로치의 생애와 사상에서도 매우 특별했다. 그러나 당시 페스탈로치는 이러한 자신의 생각을 이론적으로 체계화하지는 않았다.

페스탈로치는 노작 교육의 기초를 마련하고, 그 교육 이론은 케르셴슈타이너가 완성했다. 노작 교육은 지적인 것을 강조하는 주지주의 교육을 보완한 것으로서 '의미 있는 학습'으로서의 교육과 '삶의 다양한 모습과 교

육의 자연스러운 만남'을 추구하는 교육이다. 삶의 경험을 교과 내용과 통합한다는 것은 오늘날의 교육에서도 매우 중요한 교육적 가치를 갖는다. 우리나라의 '가나안 농군 학교'가 대표적인 학교라고 볼 수 있다.

자신의 삶과 경험을
책 속에 담다

노이호프를 학교로

학교를 처음 세웠을 때 세상 사람들은 페스탈로치의 진심을 알아주지 않았습니다.

"아니, 아이들을 교육시켜 준다고 모아 놓고 저렇게 날마다 일을 시키다니, 쯧쯧."

"글쎄 말이에요. 전에도 농장 일꾼들 품삯을 주지 않았는데 아이들한테 돈을 줄 리는 없잖아요."

페스탈로치가 아무리 설득을 해도 사람들은 귀를 기울이려고 하지 않았습니다.

게다가 아이들에게 일하는 즐거움을 느끼게 해 주는 일은 쉽지 않았습니다. 구걸에 익숙해져 있는 아이들은 일도 공부도 싫어했습니다. 심지어 다시 구걸을 하기 시작하거나 학교를 뛰쳐나가는 아이들도 있었습니다.

"이게 뭐야? 너무 힘들어. 하루 종일 일해서 졸린데 밤에 공부까지 하라니."

"맞아, 저녁도 맛없는 빵하고 감자 삶은 것만 주고……. 차라리 거리에서 구걸할 때가 더 좋았어."

페스탈로치는 아이들이 자신의 진심을 몰라주고 불평을 할 때면 자신도 모르게 한숨이 나왔습니다. 아이들을 먹이기 위해 페스탈로치와 안나는 어려운 살림에 더욱 허리끈을 졸라매고 심지어는 끼니를 거르기까지 했습니다. 하지만 그럴수록 페스탈로치는 더욱더 아이들을 아끼고 사랑했습니다.

'언젠가는 우리의 진심을 알아주겠지. 하느님, 저희에게 용기를 주세요.'

페스탈로치와 안나는 간절히 기도를 했습니다.

함박눈이 펑펑 쏟아지는 밤이었습니다. 갑자기 한 아이가 달려와 말했습니다.

"선생님, 아로이스가 없어요. 또 도망을 갔나 봐요."

"이 녀석, 이렇게 눈이 오는 추운 밤에 어디를 간 거야?"

자신의 삶과 경험을 책 속에 담다

"정말 걱정이네요……."

안나도 걱정스런 얼굴로 말했습니다.

아로이스는 이번이 벌써 몇 번째인지 알 수도 없었습니다. 아로이스는 남의 물건을 훔치기 일쑤고 다른 아이들과도 사이가 좋지 않은 아이였습니다.

"눈이 쌓이면 돌아오고 싶어도 오지 못할 텐데……. 이렇게 눈이 많이 오니……. 안나, 아무래도 안 되겠소. 내가 좀 나가서 찾아봐야겠소."

페스탈로치는 다 해진 외투를 걸쳐 입고 노이호프의 문을 나섰습니다. 바람이 세차게 몰아치고 눈발은 눈앞을 가렸습니다. 하지만 아로이스 걱정에 걸음을 멈출 수가 없었습니다.

아로이스가 갈 만한 곳을 찾아가 물었습니다.

"혹시 근처에서 남자 아이 하나를 보지 못하셨나요?"

"아니, 그 녀석 또 도망친 건가요? 이제 포기하세요, 선생님. 잠시라도 눈을 떼면 도망치거나 물건을 훔쳐 가는 그런 아이들을 데리고 무얼하시겠다는 건지, 쯧쯧."

사람들은 혀를 차며 안타까워했습니다.

'아로이스, 도대체 어디로 간 거니? 아무 일 없어야 할 텐데……. 나쁜 짓은 하지 말아야 할 텐데……. 하느님, 부디 아로이스를 지

켜 주십시오.'

페스탈로치는 간절하게 기도를 하며 눈보라 속을 헤매고 다녔습니다. 그러다가 마을 어귀의 작은 오두막에서 꽁꽁 얼어붙다시피 한 아로이스를 찾아냈습니다. 아로이스는 배고픔과 추위에 거의 정신을 잃은 상태였습니다.

"이 녀석 여기 있었구나. 얼어 죽으면 어떻게 하려고……."

페스탈로치는 아로이스를 서둘러 둘러업고 달렸습니다. 아로이스는 페스탈로치의 등에서 신음 소리를 냈습니다.

"엄마……. 엄마……."

엄마를 부르는 아로이스의 목소리를 들은 페스탈로치는 마음이 무척 아팠습니다.

페스탈로치는 아로이스를 집으로 데려다 눕히고 정성을 다해 간호했습니다.

얼마 뒤, 아로이스는 기운을 차렸습니다.

"선생님, 잘못했어요. 용서해 주세요. 다시는 안 그럴게요. 정말 잘못했어요……."

아로이스는 눈물을 흘리며 목이 메어 말을 잇지 못했습니다.

"괜찮다, 아무 말 마라. 얼마나 추웠니?"

페스탈로치는 이불을 덮어 주며 아무 말도 묻지 않았습니다.

도움의 손길

노이호프에는 아이들은 점점 늘어나서 나중에는 80명이 넘는 아이들이 함께 살게 되었습니다. 1779년이 되자 아이들을 돌보기 위한 선생님과 보조 선생님도 많아졌습니다.

하지만 학교의 운영은 날로 더 어려워졌습니다. 엎친 데 덮친다고 그해에 우박이 두 번이나 쏟아져 밭농사를 거의 망쳤습니다. 급료를 받을 수 없게 된 선생님들은 모두 노이호프를 떠나고 말았습니다.

"죄송합니다, 페스탈로치 선생님. 저희가 남아서 계속 도와 드려야 하는데…….."

"아닐세, 내가 더 미안하네. 자네들도 생활을 꾸려 나가야 하는데 밀린 급료도 못 주고…….."

그런데다 안나가 과로로 쓰러지고 말았습니다. 이제 페스탈로치에게 남은 것은 엄청나게 불어난 빚뿐이었습니다. 더는 학교를 꾸려 나갈 수 없게 되었지요. 결국 페스탈로치는 노이호프 농장을 팔고 학교 문을 닫았습니다. 평생의 꿈이 송두리째 무너졌습니다. 페스탈로치는 주저앉고 싶었습니다. 하지만 병든 안나와 몸이 허약한 아들 야곱을 돌봐 줄 사람이 자신밖에 없다는 것을 깨닫고 마음을 다잡았습니다.

'내가 용기를 잃으면 안 되지. 작은 텃밭이라도 일구어 먹을 것을

과로 몸이 고달플 정도로 지나치게 일함. 또는 그로 말미암은 지나친 피로.

마련해야 해.'

페스탈로치는 힘을 내서 밭을 일구기 시작했습니다.

그때 엘리자베스라는 아가씨가 페스탈로치를 찾아왔습니다.

"선생님의 이야기를 들었습니다. 제가 힘닿는 데까지 선생님의 일을 돕고 싶습니다. 대가는 바라지 않아요. 그저 돕게만 해 주세요."

엘리자베스는 안나를 간호하고, 야곱을 돌보고, 집안일을 맡아서 해 주었습니다. 덕분에 안나도 차츰 건강을 되찾게 되고 노이호프에는 오랜만에 밝은 웃음과 건강한 기운이 가득 차게 되었습니다. 페스탈로치 가족에게 엘리자베스는 천사와 같았습니다. 그 옛날의 바벨리처럼요.

어려운 시절 페스탈로치에게 희망을 준 사람이 또 있었습니다. 친구 아이작 이젤린이었습니다. 아이작은 바젤 시의 의회 의원이었습니다.

"친구! 글을 써 보게나. 자네의 훌륭한 철학을 세상 사람들에게 알려야 해. 자네는 단지 운이 없었을 뿐이야. 자네의 지나온 삶과 경험은 가치가 있다고 생각하네. 그것을 글로 써서 책으로 출판하는 걸세."

아이작의 말에 페스탈로치는 자신 없어 했습니다.

"글쎄, 사람들이 내 글을 좋아할까?"

> **의회** 일반 국민이 뽑은 의원으로 구성되고 입법 및 기타 중요한 국가 작용에 참여하는 권리와 힘을 가진 합의체를 일컬음.

"그럼! 자네는 상도 받을 수 있을 걸세. 물론 돈도 벌 수 있을 테고. 그러면 다시 시작할 수 있을 거야."

아이작은 페스탈로치에게 힘과 용기를 북돋아 주었습니다. 페스탈로치는 종이를 살 돈이 없어 오래된 회계장부의 빈 곳에 자신의 꿈과 희망, 그리고 직접 겪었던 수많은 어려움을 모두 채워 넣었습니다.

1780년 어느 날, 페스탈로치는 바젤 시를 향해 걸어갔습니다.

다 해진 외투 주머니에는 공들여 쓴 원고 더미가 들어 있었습니다. 바젤에 사는 친구 아이작에게 책으로 출판할 수 있는지 원고를 보여 주려고 가는 길이었습니다.

그때 거지가 팔을 내밀었습니다.

"1프랑만 도와주세요!"

페스탈로치는 동전을 찾기 위해 외투 주머니를 뒤적거렸지만 손에 잡히는 것이 없었습니다. 어쩔 줄을 몰라 하던 페스탈로치는 자기 구두에 달려 있는 은장식을 보았습니다. 그러더니 조금의 망설임도 없이 허리를 굽혀 은장식을 떼어 냈습니다. 그리고 거지의 손에 꼭 쥐어 주었습니다.

"이걸 팔아서 요기라도 하세요."

회계장부 나가고 들어오는 돈을 셈을 하여 기록하고 계산한 것을 적어 두는 책.
요기 배가 고픈 것을 가까스로 면할 정도로 아주 조금 먹음.

그러고 나서 근처에 있는 질긴 풀잎을 한 줌 뜯어 신발을 꽉 조여 맸습니다.

당시 페스탈로치가 친구에게 보여 주려고 했던 원고에는 《린하르트와 게르트루트》라는 긴 소설의 처음 부분이 들어 있었습니다. 농장에서 직접 겪은 생활을 그대로 그려 낸 작품이었습니다. 소설의 주인공인 게르트루트는 일곱 아이를 둔 엄마였습니다.

아이작과 안나는 페스탈로치의 글에 감동을 받았습니다. 하지만 페스탈로치가 손으로 쓴 원고의 글씨는 알아보기가 어려웠습니다. 또 틀린 글자도 아주 많았습니다. 아이작은 주말마다 친구의 원고를 읽고 수정해 주었습니다.

1781년, 《린하르트와 게르트루트》의 첫 번째 권은 출간되자마자 많은 인기를 끌었고, 페스탈로치는 교육자로서 유럽에서 유명해졌습니다.

"자네, 이 책 읽었나? 굉장해! 페스탈로치야말로 이 시대의 진정한 교육자야."

"읽고말고. 페스탈로치가 주장한

《린하르트와 게르트루트》의 본문 그림

교육은 인간이 할 수 있는 가장 훌륭하고 진정한 교육이라고 생각하네."

이 책은 많은 사람들에게 감명을 주었습니다. 독일의 황후는 교육에 대한 자문이 필요할 때마다 페스탈로치에게 의견을 묻는 편지를 보내왔습니다. 또 프랑스 의회에서는 명예 시민권을 주기까지 했습니다. 하지만 그런 영광과 명예가 페스탈로치의 마음을 채워 주지는 못했습니다. 페스탈로치는 계속 책을 써 나갔지만 마음 깊은 곳에서는 여전히 불쌍한 아이들을 제대로 돌보고 교육시켜야 한다는 생각만이 있었습니다.

페스탈로치는 자신이 쓴 책 속에 이런 구절을 남기기도 했습니다.

당신이 순진하고 맑고 깨끗한 마음을 가졌다면 진주 목걸이 열 개보다도 더 빛나는 행복을 느끼게 될 것이다. 지금 비록 불행하더라도 당신의 마음이 진실하다면 아직 행복한 것이다.
왜냐하면 진실한 마음에서만 인생을 헤쳐 나갈 지혜가 솟아나기 때문이다.
당신이 아무리 지위가 높고 지식이 많더라도, 진실하지 않다면 지혜는 당신을 거들떠보지도 않을 것이다.

도움이 필요한
사람들에 대한 우리의 관심

페스탈로치가 쓴 많은 글 중에 〈미혼모를 위한 법률의 제정〉이 있다. '미혼모'란 정식으로 결혼하지 않은 여자가 혼자서 아이를 낳아 엄마가 된 경우를 가리키는 말이다.

페스탈로치는 당시에 자주 일어난 사회 문제 중 미혼모들에 대한 사회적 차별에 문제가 많다고 생각했다. 그래서 이를 외면하고 미혼모들을 위한 관련 법률을 제정하지 않고 있는 사회와 정부를 향하여 강하게 비난했다.

페스탈로치는 미혼모의 문제를 해결하기 위해서 더 나은, 그리고 더 공정한 법률의 제정을 강하게 정부에 요구했다. 미혼모들을 차별할 것이 아니라 오히려 돕고 지원해 줄 수 있는 법률을 먼저 만들어야 한다고 주장한 것이다. 그렇지 않으면 미혼모 문제는 근본적으로 해결되기 어렵다고 생각했다.

그러면 지금 현재 우리의 모습은 어떠한가? 미혼모에 대한 사회적 통념이나 개인들의 시각이 18세기와 비교해서 그리 많이 달라졌다고 할 수는 없을 것이다. 자신의 뜻과는 상관없이 미혼모가 되는 경우도 많기 때문에 어떤 의미에서 보면 미혼모는 사회적 약자라고 할 수 있다. 페스탈로치 또한 이러한 측면에서 미혼모에 관심을 가졌던 것이다.

오늘날 외국에서는 미혼모에 대한 지원책이 결혼한 여성보다 더 많다고 한다. 훨씬 많은 양육비를 지원하는 것은 물론이고 심지어 캐나다의 경우에는 미혼모가 학생이면 학교에서 수업을 받는 동안 옆 교실에서 보육 선생님이 아기를 돌봐 주기도 한다.

비단 미혼모뿐만 아니라 경제적 어려움 등으로 사회의 지원이 필요한 사람들이 너무나 많다. 특히 제대로 된 교육의 혜택을 받지 못하는 사람들도 적지 않다.

페스탈로치가 살았던 시대로부터 200여 년이 흐른 지금도 여전히 버려지는 아이들, 굶주리는 아이들, 제대로 사랑받고 교육받지 못하는 아이들이 많다는 것은 우리가 진지하게 생각해 볼 부분이다.

따라서 이러한 현실 앞에서 우리가 어떤 선택을 해야 할 것인지, 다시 한 번 되돌아볼 때이다.

고아들의
아버지로 거듭나다

전쟁이 만든 고아들

  1789년, 프랑스 파리에서 큰 혁명˚이 일어났습니다. 프랑스 혁명은 시민들이 온갖 특권을 누려 온 귀족에 대항하고 자신들의 권리를 되찾기 위한 시민 혁명이었습니다. 혁명을 이끌던 나폴레옹이 권력을 손에 쥐게 되었습니다. 나폴레옹은 새로운 세계의 질서를 마련하고 이것을 전 세계로 퍼뜨리려 했습니다.

  당시 스위스에도 불평등이 많았습니다. 1798년, 나폴레옹은 스위스를 정복˚하러 군대를 진격˚시켰습니다. 자기 나라에 불만이 가득한 스위스 사람들은 프랑스 군대에 대항˚하려 하지 않았습니다. 그 전까지 스위스의 마을과 지방에는 자치권˚이 있었는데, 나폴레옹은 하나의 정부를 만들려고 했습니다. 그리고 새로운 법률을 만들어 모두 따르라고 요구했습니다.

스위스 사람들은 기꺼이 받아들였습니다. 페스탈로치도 이를 받아들였지요. 곧 스위스에 새로운 정부가 들어섰습니다.

새 정부는 기존 정부를 비판해 온 페스탈로치에게 나라에서 일할 기회를 주겠다고 했습니다. 하지만 페스탈로치는 다른 꿈이 있었기 때문에 받아들이지 않았지요.

"우리나라에 무엇보다 필요한 것은 교육입니다. 스위스 국민은 거의 가난해서 자녀들을 제대로 교육시키거나 가르치지 못하고 있습니다. 자라나는 어린아이들에게 교육은 꼭 필요합니다. 제 꿈은 가난해서 배우지 못하는 아이들을 제대로 교육시키는 것입니다."

페스탈로치가 자신의 뜻을 밝히자 새 정부는 기꺼이 받아들였습니다. 아울러 학교까지 세워 주기로 약속했습니다.

"좋소! 그러면 우리가 당신에게 빈민*들의 자녀를 위한 학교를 세워 주겠소."

이처럼 프랑스와 스위스의 관계는 처음에는 좋았습니다. 그러나

혁명 헌법의 범위를 벗어나 국가 기초, 사회 제도, 경제 제도, 조직 따위를 근본적으로 고치는 일.

정복 남의 나라나 이민족 따위를 정벌하여 복종시킴.

진격 적을 치기 위하여 앞으로 나아감.

대항 굽히거나 지지 않으려고 맞서서 버티거나 맞서 싸움.

자치권 지방 자치 단체가 그 구역에서 가지는 지배권.

빈민 가난한 백성을 이름.

시간이 지나자 스위스 사람들은 프랑스의 권력 아래에 있는 것이 기쁘지 않았습니다. 프랑스는 자유를 준 대가로 스위스에 있는 많은 것을 약탈*해 가려고 했습니다.

> **약탈** 폭력을 이용하여 남의 것을 억지로 빼앗는 것을 일컫는 말임.

"아니, 왜 우리가 프랑스 군인들에게 먹을 것을 공짜로 주어야 합니까?"

"글쎄 말입니다. 우리나라의 금을 왜 몽땅 수레에 싣고 프랑스로 가져가려는지, 새 정부는 왜 나폴레옹이 하는 대로 가만히 보고만 있는지 도대체 이해가 되지 않습니다."

국민들의 불만이 여기저기서 터져 나왔습니다.

"이것은 우리가 바라던 그런 세상이 아니지 않습니까?"

스위스 사람들 사이에서 불만은 점점 커져만 갔습니다. 사람들은 이런 상황을 잠자코 받아들일 수가 없었습니다. 프랑스의 말을 고분고분 듣고 있는 새 정부도 눈엣가시였습니다. 사람들은 새 정부를 반대하기 시작했습니다.

결국 스위스 슈탄스 지방에서 사람들이 들고 일어났습니다. 새 정부는 프랑스 군대를 끌어들여 슈탄스 지방을 공격했습니다. 이 때문에 수많은 사람들이 다치고 죽었으며, 400명이 넘는 아이들이 부모를 잃고 고아가 되었습니다.

이 소식을 들은 페스탈로치는 마음이 무너져 내렸습니다.

'내가 이러고 있을 수만은 없지. 가서 무슨 일이든지 도와야 해. 불쌍한 아이들······.'

페스탈로치는 즉시 짐을 싸 들고 슈탄스로 떠났습니다. 끔찍한 상황 속에 처한 아이들을 본 페스탈로치는 정부에 고아원을 지어 달라고 요청했습니다.

슈탄스 고아원에서 고아들을 돌보는 페스탈로치

석 달 뒤, 슈탄스에는 고아원이 세워졌고 페스탈로치는 그곳의 책임자가 되었습니다. 페스탈로치는 그 어느 때보다 행복했습니다.

'아, 내가 다시 가여운 아이들을 위해 무언가를 할 수 있게 되었구나.'

고아들의 아버지가 되다

페스탈로치는 당장 고아들을 모으기 시작했습니다.
1799년 1월, 전쟁으로 부모를 잃은 아이들을 위한 집이 문을 열었습니다.

처음에는 침대가 50개 있었습니다. 그러나 봄이 되기도 전에 아이들은 80명으로 늘어났습니다.

아이들은 온몸이 상처투성이였고, 다 해진 누더기 같은 옷에는 이가 득실득실했습니다. 오랫동안 굶주려서 뼈가 앙상했고, 얼굴빛은 누렇게 변했으며, 커다란 두 눈은 두려움으로 가득했습니다. 힘든 일을 겪으면서 성격이 아주 거칠어진 아이도 있고, 또 구걸을 하거나 남의 것을 훔치는 아이들도 많았습니다.

아이들은 거의 학교에 가 본 적이 없었습니다. 열 명 중 한 아이만이 알파벳을 알고 있었습니다.

페스탈로치는 어려움 속에서도 아이들을 정성을 다해 보살펴 주었습니다. 직접 아이들을 씻기고 빨래를 했습니다. 그리고 아이들에게 따뜻한 음식과 깨끗한 옷을 나누어 주었습니다. 일손을 돕는 사람은 안나밖에 없었습니다. 그렇지만 페스탈로치는 힘든 줄도 모르고 아이들을 정성껏 돌보았습니다.

페스탈로치는 밤이나 낮이나 아이들과 함께하면서 하나에서부터 열까지 차근차근 아이들을 가르쳤습니다.

두려움에 떨던 아이들도 차츰 안정을 찾아갔습니다.

"자, 침대는 이렇게 정리하는 거란다. 그리고 방을 함께 쓰니 물

건을 아무 데나 함부로 두고 다니지 않도록 조심해야 한단다. 알 았지?"

페스탈로치는 무엇보다도 서로를 아끼고 배려하 도록 당부했습니다.

배려 남을 도와주거나 정성을 기울여 보호해 주려고 마음을 씀.

"지금은 전쟁이 끝난 지 얼마 되지 않아 모든 것이 부족하단다. 그러니 서로 조금씩 양보하고 도와주면서 살아가자꾸나. 이제는 우리 모두가 한 가족이라는 것을 잊지 마라."

페스탈로치는 아이들 한 명 한 명을 친자식처럼 아끼고 사랑했습니다. 물론 처음에는 아이들이 말을 잘 듣지 않았습니다. 하지만 시간이 지나자 차츰 아이들은 변해 갔습니다. 페스탈로치는 말썽만 피우던 아이들의 얼굴에서 미움과 두려움이 사라지는 것을 지켜볼 수 있었습니다.

진심 어린 사랑과 보살핌으로 얼음처럼 차갑던 아이들의 마음이 햇살 속의 눈처럼 녹아내린 것이었습니다.

결국 고아원은 페스탈로치의 바람대로 한 가족이 되어 갔습니다. 페스탈로치는 모든 아이들에게 사랑이 가득한 아버지였습니다.

"아버지, 아버지!"

"하하하! 그래, 녀석들."

페스탈로치는 아이들에게 일하는 것을 가르쳐 주었습니다. 또 읽고 쓰고 셈하는 것도 가르쳐 주었지요. 아이들은 점점 배우는 것을 좋아하게 되었습니다. 잠잘 시간이 되었는데도 가르쳐 달라고 조르는 아이들도 있었습니다.

"아버지, 좀 더 공부하고 자면 안 되나요?"

"음, 좋아. 그럼 딱 한 페이지만 더 보고 자는 거다. 알았지?"

페스탈로치는 고단함을 무릅쓰고 침대에서도 가르쳤습니다. 아이들의 반짝이는 눈동자를 보면 힘든 것을 잊을 수 있었습니다.

처음에는 곱지 않던 눈으로 슈탄스 고아원을 지켜보던 사람들도 점차 페스탈로치가 아이들을 가르치는 방식이 올바르다는 것을 알게 되었습니다.

수녀님들도 페스탈로치를 돕겠다고 나섰습니다. 아이들을 위해 음식과 옷가지를 가지고 와 주었지요. 페스탈로치는 행복했습니다.

페스탈로치는 그 당시 병으로 요양하고 있는

아이들과 즐거운 한때를 보내는 페스탈로치

아내 안나에게 이렇게 편지를 썼습니다.

'안나, 기쁜 소식이오. 마침내 내가 꿈꾸던 것이 현실로 이루어졌소. 사람들이 진심으로 아이들을 걱정하고 힘닿는 대로 돕고 있다오. 참으로 고마운 일이 아닐 수 없소.'

하지만 페스탈로치의 꿈은 그리 오래 가지 못했습니다. 프랑스 군대가 러시아와 오스트리아를 상대로 스위스 땅에서 전쟁을 하게 되었는데, 슈탄스 고아원을 야전 병원으로 쓰겠다며 내놓으라고 압박한 것입니다.

> **야전 병원** 싸움터에서 생기는 부상병을 일시적으로 수용하고 치료하기 위해 전투 지역에서 떨어진 곳에 설치하는 병원.

"아니, 어른들이 저지른 전쟁 때문에 고아들을 강제로 내쫓다니 이게 말이나 됩니까?"

스위스 정부에 아무리 항의를 해도 소용이 없었습니다. 고아들은 할 수 없이 다른 고아원으로 가야 했습니다.

결국 고아원은 6개월 만에 문을 닫게 되었습니다.

"아버지, 우리랑 같이 살면 안 되나요?"

"미안하다, 애들아. 나도 그러고 싶지만 모두 함께 살 수 있는 집이 없단다. 뿔뿔이 흩어져 다른 곳으로 가더라도 용기 잃지 말고 아버지가 가르쳐 준 것을 꼭 기억하렴. 언젠가는 다시 만날 수 있을 거야."

페스탈로치가 아이들에게 줄 수 있는 것은 옷가지와 약간의 돈뿐이었습니다. 페스탈로치는 다시 한 번 자신의 꿈을 포기해야 했습니다. 그리고 다시 혼자가 되었습니다.

하지만 어쩌면 이 사건이 페스탈로치를 위험한 병으로부터 구해 준 것인지도 모릅니다. 당시 페스탈로치는 고된 일로 몸이 몹시 약해진 상태였습니다.

"당장 요양원에 가서 쉬셔야 합니다."

의사는 오래전부터 페스탈로치에게 쉬어야 한다고 말했습니다. 고아원 문을 닫은 뒤, 페스탈로치는 무거운 발걸음으로 깊은 산속에 있는 요양원으로 향했습니다.

페스탈로치는 요양원에 있는 동안에도 오로지 아이들 생각뿐이었습니다.

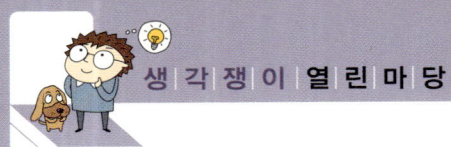

프랑스 혁명이
남긴 것들

    프랑스 혁명은 프랑스의 민중이 당시에 온갖 특권과 권력을 누리던 왕과 귀족, 성직자들에 대항하여 일으킨 시민 혁명이다.
    당시 프랑스 전체 인구의 2퍼센트였던 왕과 귀족, 성직자들은 세금도 내지 않으면서 주요 관직과 부를 독차지하고 있었다. 특히 루이 16세에 이르러서는 왕실의 지나친 지출로 나라와 평민들의 삶이 더욱 어려워져 귀족들에 대한 불만이 높아졌다.
    프랑스 혁명은 단순히 평민 계급에서 일어난 혁명이라는 뜻만을 의미하지 않는다. 전체 국민이 평등한 권리를 되찾기 위해 일어난 혁명이라는 더 넓은 의미를 담고 있다. 프랑스 혁명의 이념은 당시 유럽의 계몽주의에 의한 것으로 반세기에 걸쳐 이루어진 뿌리 깊은 생각이었다. 그중에서도 특히 페스탈로치에게 커다란 영향을 주었던 루소의 《사회계약론》은 프랑스 혁명 사상의 토대를 마련해 주었다.
    사람들은 계몽주의를 통해 자신들이 과거에 겪어 온 불평등과 빼앗긴 권

리에 대해 생각하게 되었으며, 절대 권력을 지녔던 왕정에 대해 의심을 품게 되었다. 프랑스 혁명은 국민들이 직접 왕과 귀족으로 구성되어 있던 왕정 체제를 무너뜨리고 스스로 자신들의 대표를 뽑을 수 있는 선거권을 가지게 된 세계사에서 커다란 사건이었다. 프랑스 혁명의 의의는 법치주의에 근본을 둔 자유민주주의와 같은 오늘날의 근대화의 체계를 마련했다는 데 있다. 프랑스 혁명의 정신은 자유, 평등, 권리이다.

회초리 없는
즐거운 학교

기계 같은 학교

페스탈로치가 머무르고 있는 요양원의 산 아래에 작은 마을이 있었습니다. 페스탈로치는 마을을 내려다볼 때마다 어렵게 살아가는 사람들의 모습이 떠올랐습니다. 하루하루 먹을 것을 구하려고 애쓰는 사람들과 열악°한 학교에서 공부를 해야 하는 아이들에 대한 걱정이 마음속에서 떠나지 않았습니다.

'지금 아이들이 다니는 학교는 마치 기계와 같아. 아이들의 자연스러운 생명력을 앗아 가고 있어. 아이들은 적어도 여섯 살이 될 때까지는 바깥에서 마음껏 뛰어다니며 놀아야 해. 그런데 울타리에 갇힌 양처럼 꼼짝하지 못한 채, 책상 앞에 앉아 있어야 하다니

이건 아이들에게 너무 끔찍한 짓이야.'

이런 생각이 들수록 페스탈로치는 더욱 뜻을 굳혔습니다.

열악 품질이나 능력, 시설 따위가 매우 떨어지고 나쁜 것을 이름.
퇴역 군인으로 있다가 완전히 물러남. 또는 그런 일.

'뭔가 달라져야 해. 지금 이 상태의 학교는 아니야. 아이들은 학교에서 즐거워야 해. 그리고 쓸데없는 과목만 가르칠 것이 아니라 아이들의 삶에 꼭 필요한 그런 것을 가르쳐야 해.'

당시 학교는 아주 열악했습니다. 제대로 교육받거나 훈련받은 선생님은 거의 없었습니다. 퇴역한 군인이거나 다른 일을 하는 기술자들이 아이들을 가르치고 있었습니다. 물론 선생님의 월급은 아주 적었습니다. 게다가 학생들을 가르치는 교육의 내용도 정해져 있지 않았습니다.

선생님들은 한 손에는 회초리를, 다른 한 손에는 두꺼운 종교 서적을 들고 교단에 섰습니다.

한 교실에는 학생들이 80명 정도 앉아 있었지만 그 책의 내용을 이해하는 학생은 거의 없었습니다. 선생님들은 학생들에게 내용을 무조건 쓰고 외우게 했습니다. 학생들은 앵무새처럼 모든 것을 그대로 따라서 반복해야 했고, 제대로 하지 못하면 선생님들은 회초리를 들었습니다. 어느새 아이들은 회초리에 익숙해졌습니다.

페스탈로치는 이런 교육 방법을 바람직하지 않다고 생각했습니다. 1799년, 쉰세 살이 된 페스탈로치는 부르크도르프에서 선생님 자리를 얻게 되었습니다. 교육 방식에 대한 페스탈로치의 고민은 사실 평생 동안 계속 되었습니다. 페스탈로치가 남긴 글 속에도 이러한 사실이 잘 나타나 있습니다.

오! 만일 내가 지금 서로 분리되어 버린 자연스러운 교육 방식과 인위적인 교육 방식을 하나로 합치는 데 성공한다면 무덤 속에서 얼마나 행복할까? 지금 내 마음을 어지럽히는 것은 다만 자연과 인위가 그저 분리되어 있는 것이 아니라 서로 팽팽하게 대립되어 있는 데 있다.

색다른 선생님

페스탈로치에게는 자기 반이 따로 없었습니다. 단지 교실 한쪽 구석에서 수업을 잘 따라오지 못하는 몇몇 아이들을 데리고 가르칠 뿐이었습니다. 그 반은 선생님이면서 구두장이인 사무엘 디즐리 선생님 반이었습니다. 정말 우스꽝스러운 광경이 아닐 수 없었지요. 교실 앞쪽에서는 회초리를 들고 종교 서적을 가르치는 디즐리 선생님이, 다른 한쪽에는 페스탈로치가 있었습니다.

페스탈로치는 디즐리 선생님과 달리 학생들에게 궁금한 것은 뭐든지 질문하도록 했습니다.

"무엇이든지 좋다. 너희들이 본 것 중에서 궁금한 것은 무엇이든지 질문을 해라. 찢어진 벽지, 벽에 난 구멍, 창문 앞에 있는 나무 등 어떤 것이든 괜찮다."

처음에 아이들은 페스탈로치가 무슨 말을 하는지 잘 이해하지 못했습니다.

"정말요? 아무것이나 물어도 돼요?"

"그럼 어떤 것도 좋다."

페스탈로치의 이런 교육 방법 덕택에 아이들은 사물을 자세히 관찰하는 방법을 배웠습니다. 시간이 지나자 아이들은 자연스럽게 자기들이 관찰한 것에 대해 이야기를 나눌 수 있었습니다. 그리고 나면 페스탈로치는 아이들한테 그 사물에 대해 쓰라고 했습니다. 아이들에게 이런 식의 공부는 처음이었습니다.

하지만 스스로 관찰하고 스스로 이야기를 나눈 것이라 쓰고 싶은 말이 아주 많았습니다.

페스탈로치는 아이들에게 석판˚ 하나씩을 나누어 주었습니다.

석판 석필로 글씨도 쓰고 그림도 그릴 수 있도록 검은색 점판암을 얇게 깎아 만든 판.

아이들은 각자 열심히 석판에 썼습니다. 글씨를 모르는 아이들은 그림으로 표현했습니다.

"자, 이제는 각자 무슨 내용을 쓰거나 그렸는지 돌아가면서 읽어 볼까?"

페스탈로치의 수업 방법은 재미있고 흥미로웠습니다. 아이들은 배우는 것이 즐거웠습니다.

아이들의 이런 모습을 본 디즐리 선생님은 시샘과 질투를 했습니다. 그래서 아이들의 부모들에게 페스탈로치를 헐뜯는 말을 했습니다.

"페스탈로치 선생은 스스로 제대로 읽지도 쓰지도 못하는 사람입니다. 그렇지 않다면 왜 저렇게 이상한 방법으로 아이들을 가르치겠습니까? 더 심각한 것은 그의 신앙입니다. 그는 종교에 대한 내용을 가르치지 않습니다. 이건 신에 대한 모독입니다."

> **모독** 어떤 존재의 명예를 말이나 행동으로 더럽혀 욕되게 함.

"아니, 그럴 수가! 그런 선생에게 우리 아이들을 맡길 수는 없습니다."

부모들은 디즐리 선생님의 말만 믿고, 아이들을 디즐리 선생님에게만 배우게 했습니다. 결국 페스탈로치는 학교에서 나와야 했습니다. 다행히 뜻을 같이하는 친구들의 도움으로 다른 일자리를 얻을 수 있었습니다. 그리고 젊은 선생님과 함께 자신의 교육에 대한 실험을 계

속할 수 있게 되었습니다. 그 젊은 선생님의 이름은 스텔리였습니다.

페스탈로치는 작은 석판에 A, E, I, O, U 모음을 빨간색 석필로 썼습니다. 그리고 S, H, T 등의 자음은 다른 색 석필로 써 넣었습니다. 아이들은 이 석판 조각을 모아서 단어를 만들었습니다.

이러한 교육 방법은 당시 사람들에게는 아주 낯선 것이었습니다. 지금껏 이런 식으로 가르친 선생님은 아무도 없었습니다.

아주 새로운 학교

부르크도르프는 언덕 위에 있는 도시입니다. 맨 꼭대기에는 오래된 성이 있었지요.

1800년, 페스탈로치는 그 성을 학교로 사용하게 되었습니다. 부르크도르프에서 페스탈로치가 가르치는 학생들은 놀라운 성과를 이루어 냈습니다.

학교 감독관은 페스탈로치의 교육 방법을 입에 침이 마르도록 칭찬했습니다.

"페스탈로치의 학생들은 다른 선생님의 학생들이 3년 동안에 배우게 되는 내용을 반 년 만에 모두 배웁니다. 이것은 정말 놀라운 일이 아닐 수 없습니다. 제 눈으로 봤지만 정말 믿기 어려운 일이에요."

전국적으로 치르는 초등학교 시험에서 페스탈로치의 학생들은 가장 우수한 성적을 받았습니다. 정부에서는 페스탈로치의 교육 방법에 크게 감동하여 상금과 감사장까지 보내왔지요. 페스탈로치의 이름은 널리 퍼져 유명해졌습니다.

페스탈로치는 곧 자신의 오랜 꿈을 이룰 수 있었습니다. 부르크도르프에 가난한 아이들을 위한 학교를 세운 것이지요.

전국에서 정치가와 과학자들이 페스탈로치를 만나기 위해 부르크도르프로 왔습니다.

"우리 학교에서는 학생들이 하루 종일 공부만 하지는 않습니다. 학생들은 신선한 바깥 공기를 맡으러 교실 밖으로 나갑니다."

"아니, 공부를 하지 않고 나가서 논다고요?"

"아닙니다. 밖에 나가서 노는 것도 공부입니다. 학생들은 바위산에 올라가기도 하고, 강에서 수영도 하지요. 또 자전거를 타거나 즐겁게 노래를 부르기도 합니다. 이것이 우리 학생들이 공부를 잘 하는 방법입니다."

페스탈로치는 자신 있는 목소리로 말했습니다. 오늘날의 우리에게는 이런 교육 방법이 자연스러울지 모르지만, 페스탈로치가 살던 1800년대에서는 상상도 할 수 없는 새로운 교육 방법이었습니다.

저녁마다, 학생들은 커다란 강당에 모두 함께 모였습니다. 물론 페스탈로치도 함께였지요.

학생들은 페스탈로치에게 어떠한 이야기든지 할 수 있었습니다. 페스탈로치는 학생들의 이야기에 진심 어린 마음으로 귀를 기울였습니다.

페스탈로치는 학생들이 잠자리에 들면 책상에 앉아 밤새 원고를 썼습니다.

이렇게 해서 세상에 나온 책이 《게르트루트는 어떻게 아이들을 가르치는가》입니다. 어떻게 아이들을 가르쳐야 하는지를 사람들에게

알려 주는 내용이었습니다.
　이 책으로 페스탈로치는 세계적으로 유명하게 되었으며 다시 한 번 위대한 교육자로 이름을 떨치게 되었습니다.

　인간은 누구나 마음을 평안히 다스리도록 교육받아야 한다.
　자신에게 주어진 것에 만족하는 것,

어떠한 어려운 고비에서도 인내하고
아버지의 사랑을 믿고 존경하는 것,
이러한 것이 인간을 지혜로 이끄는 교육이다.

책 속에 남긴 글에서 알 수 있듯이 페스탈로치는 인간적인 교육을 실천하는 교육자로 거듭나기 위해 노력했습니다. 그런데 또 다른 어려움이 닥쳐왔습니다. 1803년, 나폴레옹은 스위스 정부를 무너뜨렸습니다. 그동안 페스탈로치를 지지해 주던 스위스 정부였습니다. 이 일로 인해 예전처럼 지방 정부에 자치권이 다시 주어졌습니다. 부르크도르프 시의 자치권을 되찾은 번니즈 정부는 페스탈로치에게 부르크도르프 성을 돌려달라고 했습니다.

1804년, 페스탈로치는 선생님 세 명과 함께 이베르돈으로 가서 새롭게 시작했습니다. 하지만 잘해 나갈 수 있을지 자신이 없었습니다.

'내 나이 어느새 쉰여덟이다. 과연 다시 시작할 수 있을까?'

그즈음 페스탈로치는 마차에 치어 죽을 뻔한 일을 겪었습니다. 하지만 기적적으로 살아났습니다. 이 일로 신이 자신을 돕고 있다고 믿게 되었으며 자신감도 되찾았습니다.

이베르돈에 세운 페스탈로치 학교는 곧 세계적으로 유명하게 되었습니다. 독일, 프랑스, 이탈리아, 영국, 러시아, 미국 사람들이 페스탈로치의 책을 읽고 그의 교육 이론과 실천 방법을 따랐습니다.

처음 5년 동안 이베르돈의 학교는 최고였습니다. 일곱 살에서 열다섯 살 사이의 소년 150명, 선생님 30명, 선생님 지망생인 대학생 30명이 함께했습니다. 그리고 소녀들을 위한 학교도 세웠습니다.

이베르돈의 학교 교육 체계는 오늘날과 비교해도 전혀 손색*이 없었습니다. 학생들은 소집단* 별로 배웠습니다. 무엇을 배울지, 어떤 속도로 배울지도 집단 별로 알아서 결정했습니다. 선생님은 가르치는 사람이 아니라 도움을 주는 사람으로서 더 많은 역할을 했습니다.

활발한 야외 활동과 운동, 게임은 물론 학생들은 각자 맡은 일도 해 나갔습니다. 겨울이면 눈으로 커다란 성을 짓기도 했습니다.

이베르돈의 학교는 일 년 내내 부모에게 개방*되었습니다. 이베르돈은 다른 학교에 비해 학비도 훨씬 쌌습니다. 게다가 가난한 집 학생에게는 학비를 받지 않았습니다. 결국 학생의 3분의 1이 학비를 내지 않았습니다.

그래서 널리 이름난 이베르돈 학교는 언제나 재정적으로 힘에 겨웠습니다. 선생님들 또한 먹고 자는 것을 제공받는 것 외에 임금을 받지 않고 아이들을 가르쳤습니다.

손색 다른 것과 견주어 보아 못한 점.
소집단 구성원 간의 접촉과 의사 소통이 가능하도록 소수로 이루어진 집단.
개방 금하거나 경계하던 것을 풀고 자유롭게 드나들거나 교류하게 함.

교육에 대한 열정을 가진 선생님들에게는 페스탈로치를 위해 일하는 것이 돈보다 더욱 값진 일이었습니다.

   학교에는 모두를 위한 현금 상자가 하나 있었습니다. 선생님이나 학생이나 누구든지 돈이 필요하게 되면 필요한 만큼 그 상자에서 가져갔습니다. 상자를 관리하거나 책임지는 사람은 아무도 없었습니다. 물론 감시하는 사람도 없었지요. 결과적으로 학교의 재정적 어려움은 점점 더 커져 갔습니다.

페스탈로치가 꿈꾼 이상적인 교육

이베르돈 학교에서 페스탈로치는 자신의 교육에 대한 이상을 실현했다. 이 학교는 1805년부터 1825년까지 20년 동안 전 세계의 주목을 받았으며 페스탈로치의 이론과 실천을 배우러 오는 사람들도 끊이지 않았다.

이베르돈 학교의 교육 과정은 루소의 《에밀》을 본뜬 것이지만 개인적인 학습보다는 집단 학습을 강조했고, 그림 그리기, 글쓰기, 노래하기, 체육, 모형 만들기, 지도 만들기, 현장 학습 등의 참여 활동을 강조했다. 또한 선생님 교육의 개념도 체계화했다.

이베르돈 학교에서는 선생님과 학생들은 함께 자전거로 인근의 산들과 이웃 나라들로 여행을 다녔다. 이런 체험 학습을 통해 학생들은 지리와 자연과학을 배웠다. 그리고 물건 만들기와 집안일은 교과목은 아니었지만 모든 학생들은 배우고 실천했다. 학교 안에는 인쇄소와 책 만드는 공장이 있었는데 학생들은 이곳에서 나름대로 역할을 적극적으로 해냈다. 또한 수리를

하거나 시계 만드는 일, 목수일을 돕고 배웠다.

　페스탈로치가 이상적으로 생각한 학교는, 에스파냐에 처음 세워진 '벤포스타'와도 비슷하다. 벤포스타에서는 아이들 스스로 결정하고 배우고 일하면서 자기들끼리 알아서 배워 간다.

　페스탈로치의 학교에는 성적표가 없었다. 물론 선생님들은 학생들의 개

별적인 변화를 평가하기는 했지만, 학생들을 상대적으로 비교하는 평가가 아니라 각 학생의 변화와 성취를 알아보고자 하는 평가였다. 학교에는 최대한의 자유가 보장되는 대신 몇 가지 지켜야 할 규칙이 있었다.

'다른 사람보다 낫다고 여기거나 나아지려고 하지 않는다. 거짓말을 하거나 아첨하지 않는다. 다른 사람들을 모욕하거나 상처 주지 않는다. 선생님은 체벌을 하지 않는다.'

이는 어린이를 한 인간으로서 존중하고 참된 인간이 되도록 하는 것을 본질로 삼은 페스탈로치의 교육 사상을 잘 보여 주는 부분이다. 페스탈로치의 교육에 대한 이런 시도와 관점, 실천은 이후 근대적인 교육의 토대를 마련하는 계기를 마련했으며, 교육 원리는 거의 현대 초등 교육에 도입되었다. 수업은 익숙한 것에서 새로운 것으로 진행되어야 하고, 구체적인 예술 행위나 실제적인 정서적 경험과 함께 이루어져야 하며, 아동의 발달 단계에 맞출 것을 강조한 원리는 당시에는 급진적이고 혁신적인 것이었지만, 이후 교육학자들에게 많은 영향을 주었다.

교육학의 기초를 세운 헤르바르트, 발도르프 학교를 세운 슈타이너 모두 페스탈로치 교육 사상과 교육 방법에 깊은 영향을 받은 교육학자들이다.

유치원을 처음으로 만든 독일의 프뢰벨은 이렇게 고백했다.

"나를 만든 것은 페스탈로치라는 큰 스승이 보여 주신 사랑이다."

아이들을 향한 끝없는 사랑

벽돌을 나르는 할아버지

1815년 12월 11일, 안나가 세상을 떠났습니다. 46년 동안 페스탈로치 곁에서 함께 가난한 아이들을 돌보고 가르치던 충실한 동료이자 사랑스러운 아내……. 평생 안나에게 고생만 시켰다는 죄책감으로 페스탈로치는 마음이 찢어질 듯 아팠습니다.

'사랑하는 안나, 미안하오. 언제나 그대는 내 안식처였는데, 고생만 시키고 보낸 것 같아 내 마음이 더욱 안타까울 뿐이오. 그대는 우리가 돌본 모든 아이들에게 참으로 좋은 어머니였소.'

안나를 잃은 페스탈로치의 가슴은 뻥 뚫린 듯했습니다. 허전함에 마음 둘 곳을 찾지 못했습니다.

그 무렵 이베르돈 학교를 지탱해 오던 가족 정신은 페스탈로치가 가장 아끼고 믿었던 두 선생님 사이의 불화와 갈등으로 삐걱거리고 있었습니다.

경영난 기업이나 사업을 관리·운영해 나가는 데에 생기는 어려움.

전인 교육 지식이나 기능 따위 교육에 치우치지 않고 인간이 지닌 모든 자질을 조화롭게 발달시키는 것을 목적으로 하는 교육.

그리고 현실을 무시한 페스탈로치의 이상적인 학교 경영은 이베르돈의 경영난을 점점 더 어렵게 만들고 있었습니다.

결국 이베르돈은 그동안 쌓아 온 명성을 잃고 1825년, 급기야 학교 문을 닫고 말았습니다. 일흔아홉 살이 된 페스탈로치는 다시 노이호프로 돌아왔습니다. 젊은 날에 안나와 함께 희망과 꿈과 좌절을 경험한 곳이었습니다. 이제는 페스탈로치와 안나 대신 손자 고트리브 부부가 몇 년 전부터 농사를 짓고 살고 있었습니다.

페스탈로치는 노인이 되었음에도 여전히 지칠 줄 모르고 글을 쓰고 교육의 중요성을 강조하는 강연을 했습니다.

1826년, 페스탈로치는 자신의 생애를 《백조의 노래》라는 책으로 펴냈습니다. 이 책에서 전인 교육의 중요성을 힘주어 말했습니다. 또한 인간성에 대한 깊은 신뢰와 신에 대한 순수한 신앙이 페스탈로치 사상의 토대가 되었음을 알 수 있습니다.

페스탈로치는 여든 살이 넘었지만 아직도 가난한 아이들을 위한 집에 대한 꿈을 간직하고 있었습니다. 아이들이 따뜻한 사랑과 제대로 된 교육을 받을 수 있는 그런 집을 말입니다.

페스탈로치는 손자 고트리브와 함께 아이들을 위한 새로운 건물을 짓기 시작했습니다. 한겨울에도 벽돌을 나르며 건물 짓는 일을 도왔습니다. 머리가 새하얀 할아버지를 움직이게 한 힘은 무엇이었을까요.

그것은 바로 아이들을 향한 뜨거운 '사랑'이었습니다.

수상한 노인

한 노인이 거리를 걷고 있었습니다. 노인은 주변을 두리번거리며 걷다가 가끔씩 허리를 굽혀 땅에서 무언가를 주워 주머니에 집어넣었습니다.

"저 노인이 도대체 무슨 짓을 하고 있는 거지? 좀 수상한데……."

마침 그 길을 지나가고 있던 경관이 노인의 행동을 수상쩍게 여기고는 다가갔습니다.

"영감님, 잠깐만요. 지금 뭐 하시는 겁니까? 주머니에 넣은 것이 무엇인가요?"

"아, 별것 아닙니다."

노인은 왠지 난처해하며 뒤로 물러섰습니다. 경관은 더욱 의심을 하게 되었습니다.

"별것 아니라면서 왜 자꾸 숨기려고 하는 겁니까? 그게 뭔지 내가

직접 봐야겠소."

경관은 노인의 주머니에 강제로 손을 집어넣었습니다.

"아얏!"

경관은 소리를 질렀습니다.

노인의 주머니 속에 들어 있던 것은 녹슨 못과 깨진 유리 조각들이었습니다.

"아니, 도대체 왜 이런 것들을……."

뭔가 귀한 물건일 것이라고 짐작한 경관은 의아한 표정을 지을 수밖에 없었습니다. 노인은 대답 대신 주위에서 놀고 있는 아이들을 가리켰습니다. 아이들이 거의 신발을 신지 않은 채 맨발로 놀고 있었습니다.

"유리 조각이 있으면 저 아이들이 마음대로 놀 수가 없잖소. 그리고 놀다가 다치기라도 하면 안 되지 않겠소?"

경관은 아무 말도 할 수가 없었습니다.

"죄송합니다, 어르신. 제가 오해를 했습니다. 부디 제 무례를 용서해 주십시오."

경관은 노인에게 몇 번이나 사과를 하고, 도망치듯 그 자리를 떠났

습니다. 그 노인은 바로 요한 하인리히 페스탈로치였습니다.

이처럼 아이들에 대한 페스탈로치의 사랑과 정성은 머리가 백발이 되어도 변치 않았습니다.

살아남은 유언

1827년 1월 12일, 페스탈로치는 여든한 번째 생일을 맞았습니다. 그때까지 페스탈로치의 건강 상태는 양호했습니다.

그러던 어느 날, 자신을 비방하는 책 한 권을 읽게 되었습니다. 그 책에는 페스탈로치의 책에 쓰인 교육 사상은 모두 허튼소리이며 가치가 없다고 쓰여 있었습니다. 저자인 에듀와드 비버는 페스탈로치를 겉으로 착한 체하는 위선자이며 아주 못된 사람이라고 적어 놓았습니다.

그건 모두 페스탈로치의 교육 이념을 이해하지 못한 한 젊은 선생님의 말 때문이었습니다.

페스탈로치는 그 선생님이 퍼뜨린 말이 모두 거짓이라는 것을 밝히고 싶었습니다. 하지만 페스탈로치에게는 더 이상 그럴 기력이 없었습니다.

페스탈로치는 비르에 있는 학교와 고아원을 찾아갔습니다. 그곳

양호 대단히 괜찮거나 매우 좋음.
비방 남을 비웃고 헐뜯음.

에는 페스탈로치가 평생 동안 사랑해 온 아이들이 있었습니다. 페스탈로치는 아이들이 뛰어노는 모습을 보며 자신의 인생을 되돌아보았습니다.

'저 아이들이 해맑은 웃음을 잃지 않고 자신의 꿈을 찾고 키워 가는 그런 세상을 만들고 싶었는데…….'

1827년 2월 17일이었습니다. 페스탈로치는 자신의 생명이 꺼져 가고 있다는 것을 느꼈습니다. 페스탈로치는 죽기 전에 자신을 괴롭히고 오해한 모든 사람들을 평화로운 마음으로 용서하기로 했습니다. 그것이 자신이 평화롭게 눈을 감을 수 있는 방법이었기 때문입니다.

그리고 신의 보살핌과 함께 자신의 삶을 아름답게 기억해 주기를 바라는 마음으로 차분히 생을 정리해 나갔습니다.

마지막으로 친구들에게 글을 남겼습니다. 자신이 평생에 걸쳐 이루고자 한 아이들을 위한 노력이 자신이 죽은 뒤에도 계속 이어지기를 바란다는 내용이었습니다.

'불쌍한 고아와 가난한 아이들이 따뜻한 보살핌과 교육을 받으며 남을 도울 줄 아는 사람으로 자랄 수 있도록 모두의 힘을 모아 주십시오.'

그리고 그 무렵 다음과 같은 글을 남기기도 했습니다.

고난과 눈물이 내 지혜를 끌어올렸다.
어떤 보석과 즐거움으로도 이것을 이루지 못했을 것이다.

페스탈로치의 바람은 헛되지 않았습니다. 에듀와드 비버는 페스탈로치의 삶과 업적에 대해 계속 연구를 했고 자신이 이전 책에 쓴 모든 것이 잘못되었다는 것을 깨닫게 되었습니다.

'내가 경솔하게 젊은 사람의 말만 듣고 이렇게 훌륭한 페스탈로치 선생님을 비난하다니…….'

마침내는 페스탈로치를 비판하던 입장에서 칭송하는 입장으로 바뀌었습니다. 에듀와드 비버는 자신의 잘못을 반성하는 의미로 전 생애 동안 페스탈로치의 위대한 교육 사상을 널리 알리는 데 모든 노력을 기울였습니다.

칭송 어떤 인물의 업적을 칭찬하는 등 훌륭한 것을 잊지 아니하고 일컬음.

요한 하인리히 페스탈로치는 여든한 살의 나이로 조용히 눈을 감았습니다. 아이들을 위해 짓던 새 건물이 완성되는 것을 지켜보지 못한 채…….

눈을 감은 지 이틀 후, 페스탈로치는 그가 남긴 유언대로 비르에 있는 학교 근처에 묻혔습니다. 그곳은 페스탈로치가 늘 사랑한 아이들의 웃음소리를 가까이서 들을 수 있는 곳이었으니까요.

페스탈로치의 장례식 날에는 하늘에서 하얀 눈이 내렸습니다. 수많은 사람들과 학생들의 긴 행렬이 흰 눈과 함께 페스탈로치의 관을 조용히 따라갔습니다.

선생님들은 페스탈로치의 관을 들고 무덤까지 걸어갔습니다. 그리고 마음 깊은 곳에서 우러나오는 감사의 노래를 불렀습니다. 선생님들의 노래는 차디찬 겨울 공기를 포근하고 따뜻하게 데워 주었습니다. 마치 페스탈로치의 따스한 웃음과도 같았습니다. 유언에 따라 페스탈로치의 무덤에는 하얀 덩굴장미가 소담스럽게 심어졌습니다. 그리고 그의 묘비에는 다음과 같은 글이 새겨졌습니다.

인류의 위대한 스승 페스탈로치

하인리히 페스탈로치,
여기 잠들다.
1746년 1월 12일 취리히에서 태어나
1827년 2월 17일 부르크에서 잠들다.

노이호프에서는 가난한 사람들의 구원자,
린하르트와 게르트루트에서는 민중의 목자,
슈탄스에서는 고아의 아버지,
부르크도르프와 뮌헨부흐제에서는 초등학교의 창설자,
이베르돈에서는 인류의 교육자였다.
하느님을 믿은 한 사람으로
모든 일을 남을 위해서만 베풀었을 뿐
그 자신을 위해 한 것이 아무것도 없었던 사람.
그 이름에 축복 있으라.

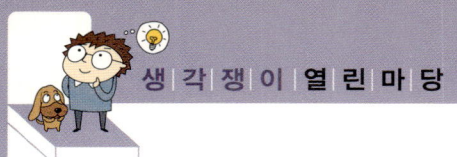

한국의 페스탈로치로 살았던 사람들

근대 우리나라 최초의 고아원은 당시 조선 가톨릭 교구 7대 교구장 블랑 주교에 의해 1885년 서울 곤당골(오늘날 소공동 부근)에 세워진 영해원이다.

블랑 주교는 영해원의 운영이 어려워지자, 샤르트르 성 바오로 수녀회에 영해원의 운영을 맡기기로 결심하고 프랑스 본부에 수녀들을 파견해 달라고 요청했다.

1888년 6월 프랑스 마르세이유 항구를 떠난 자카리아 수녀와 에스테르 수녀가 베트남의 사이공에 들러 중국인 수녀 두 사람과 함께 1개월 반 만에 우리나라 제물포(인천)항에 도착했다. 당시 영해원에는 200여 명의 고아가 수용되어 있었는데, 네 명의 수녀들은 약 한 달 반 동안 우리나라 말을 익힌 후, 갖은 어려움을 극복해 가며 영해원의 운영에 헌신했다.

이후 세계 1차 대전이 일어나 원조가 중단되자 상황은 극도로 어려워졌다. 어려운 고아원 사정을 알게 된 당시 《경향》 잡지사 편집자이면서 수녀원 지도 신부였던 바오로 신부는 자선을 베풀어 줄 것을 각지에 호소했다. 이에 호응한 본당 신부들과 여러 교우들의 도움으로 마침내 영해원 고아들은 굶주림의 위기를 극복할 수 있게 되었다.

　이후 1895년, 인천에 가톨릭 부속 고아원이 설립되었고, 평양에는 감리교계 맹아학교도 아동을 위한 사회 복지 시설로 지어졌다. 1906년에는 유학자인 이필화가 서울에 경성 고아원을 세워 근대적인 아동 복지 사업을 시작했다. 경성 고아원은 대한 제국의 설립 인가를 받아, 황실의 지원 아래 전국적인 규모로 모아진 기부금으로 만들어졌다. 그리고 6·25 전쟁을 치르면서 수많은 전쟁 고아들이 보육원에서 자라났다.

　우리나라 최초의 고아원인 영해원이 세워진 지 100여 년이 지나고, 페스탈로치가 살았던 시대로부터 200여 년이 흐른 지금도 우리 주변에는 여전히 부모를 잃은 아이들, 굶주리는 아이들, 제대로 사랑받지 못하는 아이들, 제대로 교육받지 못하는 아이들이 많다.

　동시에 우리가 온전히 페스탈로치와 같은 삶을 살 수는 없지만 페스탈로치의 바람처럼 '불쌍한 고아와 가난한 아이들이 따뜻한 보살핌과 제대로 된 교육을 받아 남을 도울 줄 아는 사람으로 자라날 수 있도록 우리 한 사람 한 사람이 힘을 모으는 것'은 충분히 가능한 일일 것이다. 우리가 손을 뻗어 서로 맞잡는다면 이 세상을 품에 안는 것은 생각보다 어렵지 않을 수도

있다.

    지나온 세월 동안 한국의 페스탈로치로 사셨던 많은 분들, 그리고 앞으로 그렇게 살아가고자 하는 분들께 깊은 감사와 존경을 보낸다.

페스탈로치의 발자취

1746년 스위스 취리히에서 태어남.

1763년(17세) 취리히 대학교에 입학하여 신학을 공부함. 정치에 뜻을 두고 '애국단'이라는 단체에 들어가 정부를 비판하다가 억울하게 잡혀 며칠 동안 감옥에 갇힘. 이 일을 계기로 정치에 대한 뜻을 접고 농촌에 내려가 살기로 결심함.

1768년(22세) 농민들이 본받을 수 있는 농가를 만들겠다는 꿈을 가지고 농사일을 배우기 시작함.

1769년(23세) 안나와 결혼함.

1740 · 1750 · 1760

1746년 청나라 복건성에서 예수회 선교사의 포교 활동이 금지됨.

1750년 조선에서 백성들의 군역 부담을 덜기 위한 균역법이 실시됨.

1753년 영국에서는 대영 박물관을 세움.

1754년 에스파냐가 종교 협약을 통해 교회를 로마로부터 독립시켜 정부가 관리하도록 함.

1762년 프랑스의 루소가 《사회계약론》을 발표함.

1765년 영국이 아메리카 식민지에서 각종 인쇄물에 인지를 붙여 세금을 거두는 인지법을 시행함.

1768년 흑해에서 발칸 반도, 카프카스로 진출하려는 러시아의 동방 정책이 오스만 제국과 충돌하여 제1차 투르크·러시아 전쟁이 일어남.

1771년(25세) 노이호프로 이사하여 농장을 운영했으나 실패함.

1774년(28세) 노이호프에 농민 학교를 만들어 아이들을 가르치기 시작함.

1780년(34세) 부모들의 반대로 농민 학교의 문을 닫음.

1787년(41세) 가정 교육의 중요성을 강조한 교육 소설 《린하르트와 게르트루트》를 펴냄.

1797년(51세) 자신의 철학적, 인간학적인 사상을 담은 《인류 발전에 있어서 자연의 운행에 대한 나의 탐구》를 펴냄.

1798년(52세) 프랑스에서 혁명이 일어나 프랑스 군이 스위스까지 쳐들어오자 슈탄스 고아원을 세워 전쟁 고아들을 돌봄.

1799년(53세) 부르크도르프 빈민 학교의 선생이 됨.

1770   **1780**   **1790**

1772년 러시아 · 오스트리아 · 프로이센이 폴란드를 나누어 점령함.

1776년 미국이 영국으로부터 독립을 선언함.

1779년 프랑스에서 농노제가 폐지됨. 1781년 독일의 철학자 칸트가 《순수 이성 비판》을 펴냄.

1783년 영국이 미국의 독립을 공식적으로 승인함.

1785년 에스파냐가 식민지 필리핀을 착취하기 위한 왕립 필리핀 회사를 설립함.

1789년 프랑스에서 혁명이 일어나 국민으로서 누려야 할 권리를 내용으로 하는 '인권 선언'을 발표함.

1790년 미얀마가 청의 속국이 됨.

1791년 프랑스 혁명을 목격한 미국의 작가 토마스 페인이 《인권론》을 발표함.

1796년 러시아 군이 페르시아를 침략하여 전쟁을 일으킴.

1799년 발칸 반도의 몬테네그로가 투르크 제국으로부터 독립함.

1800년(54세) 부르크도르프에 학교를 세움.

1801년(55세) 교육 방법에 대한 견해를 담은 《게르트루트는 어떻게 아이들을 가르치는가》를 펴냄.

1806년(60세) 이베르돈에 학교를 세움.

1815년(69세) 안나가 세상을 떠남.

1825년(79세) 노이호프로 돌아옴.

1826년(80세) 자신의 교육에 대한 이상을 담아낸 《백조의 노래》를 펴냄.

1827년(81세) 세상을 떠남.

1800   **1810**   **1820**

1800년 오스만 제국과 영국이 연합해 이집트의 프랑스군을 공격함.

1801년 조선에서 가톨릭교도를 탄압한 신유박해가 일어남.

1803년 미국이 프랑스로부터 루이지애나 땅을 매입함.

1804년 나폴레옹이 프랑스 황제로 즉위함.

1811년 평안도에서 홍경래의 난이 일어남.

1814년 프랑스 혁명과 나폴레옹 전쟁에 대한 수습을 위하여 빈에서 국제회의가 열림.